Regine Schneider
Paul ist tot

Regine Schneider

Paul ist tot

Witwengeschichten

OSBURG
MURMANN PUBLISHERS

Erste Auflage 2014
© Osburg Verlag – Murmann Publishers Hamburg, 2014
www.osburgverlag.de

Lektorat: Bernd Henninger, Heidelberg
Druck und Bindung: Freiburger Graphische Betriebe, Freiburg
Printed in Germany
ISBN 978-3-95510-057-5

Inhalt

Denn wir sprechen von »dem Tod«, um die Dinge zu verein-
fachen, aber es gibt fast ebenso viele von seiner Art, wie es
Personen gibt.

Marcel Proust

Der Tod ist kein Punkt,
der Tod ist ein Doppelpunkt

Doppelt so viele Paare werden in Deutschland vom Tod geschieden wie vom Scheidungsrichter. Im Jahr 2012 zählte das Statistische Bundesamt 179 147 Scheidungen und 349 352 neu Verwitwete. Insgesamt sind in Deutschland knapp sechs Millionen Menschen verwitwet.

Witwen, vor allem junge, kommen in unserer Gesellschaft öffentlich fast gar nicht vor. Es sei denn, sie sind prominent. Die Wahrnehmung endet nach der Beerdigung. Danach verschwinden sie in der Versenkung.

Witwen orten wir bewusst sowieso nur ab dem Alter 50 plus. Wenn es halt Zeit für den Opa ist, zu gehen. Bücher, in denen jüngere Witwen ihre akute Trauerphase schildern, von Verlust und Schmerz erzählen, gibt es. Es sind in der Regel Trostbücher für Frauen, die Gleiches durchgemacht haben. Aber das ist nur eine Phase nach dem Verlust des Partners. Danach geht das Leben weiter, ob man will oder nicht. Und es will gemeistert werden.

Wir haben leider ein verzerrtes Bild davon, wie man als Witwe zu sein hat und wie Witwen wirklich sind. Was nach der Bestattung geschieht, ist nicht von öffentlichem Interesse. Da der Tod immer noch ein Tabuthema ist, hat bisher keiner nach dem ganz normalen alltäglichen Witwen-Wahnsinn gefragt. Der ist nicht nur ziemlich traurig, sondern oft genug auch ziemlich schräg, konfus, herzergreifend, böse, makaber, kurios, skurril, empörend und auf jeden Fall zutiefst menschlich. Wie das Leben.

Deshalb mag die Abbildung der Normalität in diesem Buch für manchen verstörend wirken. Das liegt aber lediglich daran, dass die Witwen-Community gemieden wird. Witwen werden nach der Entsorgung seiner Überreste ziemlich allein gelassen. Und bitte nicht zu lange die anderen mit Trübsinn belästigen.

Die Witwen, die ich interviewt habe, übrigens überwiegend relativ junge Frauen, haben alle unterschiedlich getrauert und unterschiedlich lange getrauert. Wenn die ausschließliche Trauer nur vier Wochen statt zwei Jahre dauerte, sagte das nichts über die Tiefe des Schmerzes aus. Der Schmerz bleibt. Nur jede lernt früher oder später mit ihm zu leben. Den Verlust in ihr eigenes Leben zu integrieren.

Teresa Enke, die Frau des Nationaltorwarts Robert Enke, der sich wegen seiner Depressionen in der Nähe seines Hauses vor einen Zug geworfen hat, konnte nur immer wieder unter Tränen schreien: »Oh, mein Gott, das kann nicht wahr sein, nicht Robert.« Jeder erinnert sich an die berührenden Bilder seiner Trauerfeier. Kürzlich sagte sie in einem Interview mit der *Gala*: »Ich gehe inzwischen offen auf alle zu. Aber ich sehe dann schon das Entsetzen in den Augen der Menschen, wenn es um meine Geschichte geht. Es kann nicht jeder so damit umgehen wie ich. Ich habe schwarzen Humor, wie mein Mann ihn übrigens auch hatte. Damit erschrecke ich manchmal mehr die anderen als die mich mit ihren Fragen.«

Prinzessin Caroline von Monaco saß beim Friseur, als sie 1990 erfuhr, dass ihr Mann Stefano Casiraghi während der Rennbootweltmeisterschaften vor der Küste Monacos tödlich verunglückt war. Sieben Monate zeigte sie sich danach nicht in der Öffentlichkeit. Wie sie ihre Trauer bewältigt hatte, ist nicht bekannt. Als man sie wieder sah, hatte sie sich gefangen.

Auch die Moderatorin und Buchautorin Bärbel Schäfer erlebte, wie ihr damaliger Freund Kay Degenhard 1998 mit seinem Auto auf der Autobahn ins Schleudern geriet und unter einen Bagger raste. Er war sofort tot. Das Paar war frisch verliebt und gerade vier Monate zusammen. Schäfer, so die Illustrierte *Bunte*: »Ich wurde von einer Minute zur anderen vom Himmel in die Hölle gestoßen.« Und: »Das, was mein Leben ausgemacht hat, war weg. Ich fürchtete, es würde niemals wiederkommen.« Sie bekam, so heißt es, ihr Leben durch intensive Arbeit wieder in den Griff. Zwei Wochen nach dem Unfall stand sie wieder vor der Kamera. Manche mögen das für herzlos halten, aber es war ihre Bewältigungsstrategie.

Beatrice von Keyserlingk verlor ihren Lebensgefährten, den *Focus*-Redakteur Christian Liebig, bei einem Reportereinsatz im Irak. Sie sagte gegenüber *Bunte*: »Als der Anruf kam, arbeitete ich gerade in der Schweiz. Ich hatte schlagartig das Gefühl, als hätte ich einen Eimer Säure getrunken. Ich bin einfach an der Wand zusammengesunken. Drei Tage habe ich durchgeweint und mich danach sofort in Arbeit gestürzt.« Sie hat danach die Christian-Liebig-Stiftung gegründet, mit deren Hilfe sie seine Vision von einer Hilfe zur Selbsthilfe in Afrika verfolgt. »Mein Ventil zur Trauerbewältigung.«

Andere stürzen sich in Abenteuer, ziehen sich aus dem Verkehr, suchen One-Night-Stands, machen die verrücktesten Sachen. Sie nehmen per Medium oder Pendel Kontakt mit dem Verstorbenen auf, sie verabreden sich in der Nacht mit seiner Seele, sie gehen an sein Grab und beschimpfen ihn oder halten innere Zwiesprache, sie schmeißen alles raus, was an ihn erinnert. Oder sie verkaufen oder verschenken, was sie immer gestört hat, sie erlauben sich Abenteuer, die er nie gutgeheißen hat. Manche ziehen sich auch für eine Weile völlig zurück und wollen niemanden sehen außer ihrem Hund oder ihr Pferd. Andere hüten sein Arbeitszimmer im Haus wie ein Museum. Alles ist in Ordnung.

Jede, die in diesem Buch ihre Geschichte erzählt, geht anders mit dem Tod des Ehemannes oder Lebensgefährten um. Manche erzählen sehr trocken, sodass es wie eine Realsatire wirkt. Andere sind sehr tapfer, weil sie die alleinige Verantwortung für sich und ihre Kinder haben. Ältere Witwen sind gefasst und richten sich ihr Leben nun ganz so ein, wie es ihnen gefällt. Andere holen nach, was sie mit Mann nie durchgezogen haben. Egal, ob sie eine Riesenparty feiern oder in Trauer versinken, sich neue Kleidung kaufen, sich die Haare lila färben lassen oder die Wohnungseinrichtung völlig verändern. Die Erinnerung, die sie nur mit diesem einen Mann

geteilt haben, bleibt. Sein Tod ist ein Wendepunkt. Irgendwann wird weitergelebt, so oder so.

Und jedem muss zugestanden werden, dass alles sein darf.
Und zwar authentisch, egal ob es Wut, Erleichterung, Traurigkeit, Erlösung oder Fröhlichkeit ist. Deshalb habe ich diese
alltäglichen Geschichten gesammelt und aufgeschrieben.
Würde der Tod selbstverständlich ins Leben integriert, würde
er sicher seinen Schrecken verlieren. Alles hat seine Zeit.
Das Entscheidende, ist, den Tod des Mannes als Teil des eigenen Lebens anzunehmen.

Um ihre Anonymität zu wahren, sind Namen der Witwen,
persönliche Details und Orte verändert, ihre Geschichten
nicht.

Paul ist tot

Mein Cowboy ist für immer gegangen

Paul ist tot! Er wollte zu Hause sterben. Nicht im Krankenhaus und auch nicht im Hospiz. In seinem eigenen Bett. In seiner blau-weiß gestreiften Seemannsbettwäsche mit den kleinen Ankern. Seine Lieblingsbettwäsche. Hatten wir von unserer letzten Kreuzfahrt mit der Queen Mary mitgebracht. Sein letzter Wunsch.

Der Bauchspeicheldrüsenkrebs – da war nichts mehr zu machen. Die Diagnose traf uns unerwartet. Und die Hoffnung stirbt bekanntlich zuletzt.

Paul wurde nach zwei OPs und drei Chemos innerhalb von zwei Jahren, die ihn nicht mehr retten konnten, palliativ optimal eingestellt, hatte keine Schmerzen. Er wurde nur schwächer und schwächer, er war sehr gefasst, ist friedlich eingeschlafen. An einem sonnigen Morgen. Die ganze Nacht hatte ich an seinem Bett gesessen, seine trockenen Lippen mit einer Honigsalbe betupft, seine Hand gehalten. Als seine Atemzüge in Schnappatmung übergingen und gegen Morgen schließlich aussetzten, wusste ich, dass es endgültig vorbei war. Ich öffnete das Fenster, um seine Seele herauszulassen, und hörte die Vögel singen. Ich sagte noch: »Paul, es war schön mit dir. Meistens jedenfalls. Gute Reise!« Dann musste ich heulen und konnte erstmal nicht wieder aufhören. Ende! Ende einer schweren Zeit. Ende einer schönen Zeit. Ende einer ambivalenten Zeit. Unweigerlich vorbei.

Ich hätte zum Beispiel auch noch sagen können: »Du warst rechthaberisch und dominant.« Aber das verkniff ich mir. Über die Toten nichts Schlechtes. Deswegen wird wohl nirgends so viel gelogen wie an Gräbern.

Paul ging nicht plötzlich, und auch nicht unerwartet. Vor seinem Tod hatte er noch alles geregelt. Berliner Testament, seine guten Signum-Hemden hatte er seit 25 Jahren nie ausrangiert, die sollte sein Freund Otto bekommen. Seine Lederhose vermachte er seinem Bruder. Eine Uhr aus seiner Uhrensammlung seiner Schwester. Er wollte eingeäschert und anschließend auf der Ostsee seebestattet werden.

Paul hatte sich sogar seinen Sarg und seine Urne selbst ausgesucht. Wir hatten uns auch zwei Krematorien gemeinsam angeschaut. Eins gefiel ihm besonders. Es war nicht nur modern eingerichtet. In der Broschüre lasen wir: »Im Vordergrund bei der Gestaltung der Trauerfeier stehen die individuelle Persönlichkeit des Verstorbenen, wie er gelebt hat und seine letzten Wünsche. Beim feierlichen Abschied können Angehörige den Verstorbenen noch einmal vor ihrem inneren Auge auferstehen lassen.« Das gefiel ihm. Auch, dass wir uns vor der Einäscherung am offenen Sarg von ihm verabschieden konnten. Das wollte er unbedingt. Neben seiner Urne sollte das Foto, Paul in Lederkluft auf seiner Harley, aufgestellt werden. Wenn er so aussah, nannte ich ihn immer meinen Cowboy.

Beim Googeln nach schönen Zitaten für eine Anzeige sprang mich zuerst eine Werbung für Vivante-Naturschuhe an. Verärgert drückte ich sie weg. Schon landete ich auf Youtube bei Star Trek:»He's dead, Jim. He's dead, Jim. He's dead!« Das trieb mir wieder die Tränen in die Augen. Dann fand ich polnische Sprichwörter:»Das Ende krönt das Werk.« Auch ungeeignet. Beim nächsten Klick sprang mir eine um neun Kilo erleichterte Bärbel Schäfer ins Bild, die Werbung für Weight Watchers machte. Langsam wurde ich sauer. Was für eine Zumutung. Das nächste Zitat, das ich fand, war ein Graffiti:»Sterben ist männlich«. Schließlich wurde ich fündig und wählte ein Zitat von Marcus Aurelius: »Der Tod lächelt uns alle an, das Einzige, was man machen kann, ist zurücklächeln!« Mir war nicht nach Lächeln. Aber es passte irgendwie dazu, wie Paul gegangen war. Es war annehmbar.

Später saßen wir dann alle in der kleinen Kapelle im Krematorium. Blumen, Kerzen, Räucherstäbchen. Dämmerlicht. Wandfarbe türkis mit Goldrand. Über uns dunkelblauer Sternenhimmel. Bevor der Sarg auf einer Schiene in den Ofen gefahren wurde, hatten wir Paul noch einmal angeschaut. Wachsbleich. Seine Gesichtszüge waren sehr verändert. Es berührte mich merkwürdig, sein Gesicht so entlebt zu sehen. Sein Körper wie aus dem Wachsfigurenkabinett. Ich streichelte zum letzten Mal unter Tränen seine eiskalte Hand. Das gab mir Gewissheit: Er war nicht mehr unter uns. Das war nur seine Hülle.

Zum Abschied hatte Paul sich »He's gone« von Grateful Dead gewünscht. Und von den Stones »Satisfaction«. Fand ich unpassend. Aber er wollte sich im Tod noch einmal ganz persönlich ausdrücken. Stimmungsvoll, authentisch und ergreifend, wie im Prospekt versprochen. Bei der Musik musste ich wieder weinen.

Seine Urne thronte dunkelblau und bauchig auf dem Altar. »Die sieht aus wie Paul«, flüsterte seine Schwester schniefend, »eine kleine dicke Kugel.« Das fand ich in diesem Moment gehässig, obwohl es stimmte. »Sei nicht so pietätlos«, zischte ich und dachte schuldbewusst: »Er war ein 1,68 Meter großes meist wonniges rundes Kerlchen.« Bei dem Bild musste ich grinsen. Doch dann übermannte mich wieder der Schmerz. »Nothin's gonna bring him back«, sangen Grateful Dead.

Paul hatte gesagt: »Leute, haltet die Tränen zurück, wenn ich gehe. Organisiert die Seebestattung und denkt auf dem Schiff daran, das ist eure Party. Betrinkt euch, lasst euch die Schnittchen schmecken und denkt an mich. Das fände ich gut.« Wir hatten Prosecco dabei, den, den Paul am liebsten getrunken hatte.

Als wir auf dem Schiff waren, wollte meine Tochter bunte Luftballons in den Himmel steigen lassen. »Papa ist doch kein kleines Kind mehr«, protestierte ich. Ich erlaubte ihr einen mit einem Briefchen: »Hab Dich lieb, Papa.« Den ließ der Seewind in die Höhe trudeln. Die Tränen liefen, zig Tempotücher kamen zum Einsatz, als die See-Urne aus löslichem Salzkristall, in die seine Asche umgefüllt worden war, ins Wasser gelassen wurde. Außerhalb der Dreimeilenzone über rauem Grund, also da, wo nicht gefischt wird, wurde Paul nach Seemannsart dem Meer übergeben und der Kapitän in Marineuniform fand noch ein paar tröstliche Worte. Danach trank ich die letzte halbe Flasche Prosecco allein aus. Pauls Überreste waren per Paketdienst an die Reederei geschickt worden. Das sei wohl so üblich, wurde mir gesagt. Ich war nach der halben Flasche in der richtigen Stimmung, mir Paul als Paket im United Parcel Service vorzustellen. Makaber.

Es gibt kein Grab, das wir besuchen können. Ich bin jetzt Witwe und Paul lebt weiter in meiner Erinnerung. Manchmal kommen die guten Erinnerungen. Bisweilen auch die, die nicht so schön sind. Was geblieben ist, ist Ambivalenz. Trauer, Schmerz, aber auch Erleichterung und ein ganz neues Gefühl von Freiheit. Nicht sofort, aber doch bald. Vieles musste ich lernen. Allein einschlafen, allein wach werden, allein frühstücken, allein joggen, allein mit dem Hund gehen, Finanzen regeln und Nachlass ordnen. Vieles kann ich jetzt tun, was ich mit Rücksicht auf Paul nie getan habe: Laut fluchen, den Hund mit ins Ehebett nehmen, im Fernsehsessel mit Keksen herumkrümeln, das Badezimmer knallrot streichen, meine Fingernägel grün lackieren, »Bauer sucht Frau« gucken, endlich zum Dalai Lama fahren … Natürlich gibt es auch viele Dinge, die ohne Paul keinen Spaß mehr machen. Wochenenden in unserem selbst renovierten Bauernhaus verbringen. Fahrradtouren durchs schöne flache Münsterland machen, wo wir beide herkommen und wo wir uns von unserer Kindheit erzählen. Im Regen spazieren gehen. Und so fühlt sich Witwe werden am Anfang an wie Disneyland. Eine ganz verrückte Welt. Auf und ab. Unwirklich, künstlich, blöd und komisch. Irre traurig und verzweifelt. Gewöhnungsbedürftig und fremd. Aber man verlässt diese Welt auch irgendwann wieder. Es geht weiter. Bloß ganz anders.

▶ Bestattungskultur im Wandel

Die Friedhofskultur ist im Wandel begriffen. Der Friedhof ist kein christlich umflorter Gottesacker mehr. Er ähnelt eher einem Park, einem Naturpark mit Toten, der nun der Pluralisierung der Gesellschaft Rechnung trägt. Es gibt einen Bereich für totgeborene Kinder, eine Rasenfläche für anonyme Beisetzungen, einen urwaldartigen Ruheforst mit Urnengräbern um Stieleichen, Rotbuchen und Waldkiefern. Es gibt das erste Gemeinschaftsgrabfeld von Aids-Toten genauso wie den von einem privaten Verein betriebenen »Garten der Frauen« im Geiste der Frauenbewegung, in dem prominente und nicht prominente Damen ruhen. Während Einzel- wie Familiengräber an Bedeutung verlieren und klassische Begräbnisse den immer beliebter werdenden Feuerbestattungen weichen – 54,7 Prozent der Verstorbenen werden heute bereits eingeäschert –, entstehen Begräbnisanlagen sozialer Gemeinschaften, der sich der Tote zu Lebzeiten zugehörig fühlte. Das können beispielsweise Grabanlagen von HSV- oder Schalke-04-Anhängern sein, von Kirchengemeindemitgliedern und Kegelvereinen. Die Begräbniskultur ist Ausdruck sich verändernder Lebensstile. Familien sind zersplittert, Angehörige leben oft weit voneinander entfernt, Lebensformen sind heute ganz unterschiedlich, Singlehaushalte Normalität. Trauer und Gedenken wandern wie bei Lady Diana oder Robert Enke in den öffentlichen Raum, wo sich Emotionen kollektiv entladen. Oder sie werden festgehalten in der immateriellen Ewigkeit des WWW-Gedächtnisses, wo man den Verstorbenen per »Digital-Memorial« auf virtuellen Friedhöfen kommerzieller Portale »Internet-Gedenkstätten« errichtet. Kreuze für Unfalltote an Straßen werden Mahnmale und Erinnerungsorte, wo jeder Blumen oder Stofftiere deponieren kann. Die Kirche hat ihren Alleinvertretungsanspruch auf Tod und Trauer längst eingebüßt.

Es gibt unzählige Möglichkeiten, sich noch im Tode individuell auszudrücken und in einer bestimmten Form in Erinnerung zu bleiben:

- *Weltraumbestattung*
- *Ballonbestattung*
- *Asche an individuellen Orten verstreuen*
- *Erinnerungsporzellan*
- *Waldbestattung*
- *Urne im Grab bestatten*
- *Urne aufstellen*
- *Kolumbarium*
- *Feuerwerk aus Asche der Verstorbenen*
- *Asche als Nährstoff für einen Baum*
- *Bleistifte aus der Asche der Verstorbenen*
- *Ascheabfüllung in ein Amulett*
- *Anonyme Bestattung*
- *Asche als Baumaterial für ein Korallenriff*
- *Asche in ein Memorial Piece einarbeiten*

Mit dem Wandel der Bestattungskultur in den vergangenen Jahren sind in Deutschland viele neue Anlagen zur Feuerbestattung erbaut sowie staatliche Krematorien privatisiert worden. Moderne Krematorien sind Häuser der offenen Tür und alles, was dort geschieht, von der Anlieferung über das Einfahren in den Ofen bis hin zur Asche in der Urne, ist transparent. Man kann seine Bestattung vor dem Tod selber planen und alle offenen Fragen klären. Moderne Krematorien sind hell und freundlich eingerichtet. Es besteht die Möglichkeit, vor der Einäscherung eine Trauerfeier in Krematoriumsräumen in sehr individuellem Rahmen auszurichten. Besonders geschulte einfühlsame Mitarbeiter klären auch über Mythen oder Befürchtungen auf und versichern einem zum Beispiel, dass nur ein Sarg pro Ofen eingeäschert wird und die richtige Asche in die Urne kommt.

Der Kreativität sind keine Grenzen gesetzt und manche Bestattung bekommt durch Musik, humorvolle Reden, Gesang und Tanz Festivalcharakter, ganz wie es der Persönlichkeit des Verstorbenen entspricht.

Bitterböse Gedanken

Nicht alle Witwen trauern

Gegen zwei Uhr morgens kam der Anruf aus dem Krankenhaus: »Aus unerklärlichen Gründen ist soeben Ihr Mann verstorben.« Ich war schockiert. Damit hatte keiner gerechnet.
»Ich komme sofort.« In erster Panik versuchte ich noch, meine
beste Freundin anzurufen, vergeblich um diese Uhrzeit. Ich
zog mich an, lief zum Auto, fuhr los. Wie fremdgesteuert.
Durcheinander. Wieso war er plötzlich tot? Im Krankenhaus
angekommen fand ich keinen Parkplatz, weil überall Baustelle war. Ich parkte einfach schnell in einer Lücke zwischen
einem Bauwagen und einer Absperrung und suchte dann im
Dunkeln den Eingang. Alles war etwas unübersichtlich. Ich
nahm den Aufzug direkt hinauf zu seiner Station. Zimmer
356, dritter Stock. Der Flur war menschenleer. Dafür standen
ein paar Bahren und ein fahrbares Tropfgerät herum. Links
ging es zur Isolierstation. Rechts zur Chirurgie. Ich desinfi-
zierte meine Hände. Eigentlich Quatsch, denn infizieren
konnte ich ihn ja nicht mehr. Aus einem der Krankenzimmer
hörte ich ein leises, verwirrtes Rufen: »Schwester!« Die alten

Menschen finden oft nicht die richtige Klingel. Oder sie wissen häufig nicht, wo sie sind. Leises Huschen auf leisen Gesundheitsschlappen über den Flur.

Vorsichtig und in banger Erwartung, was ich zu sehen bekäme, öffnete ich die Tür zu seinem Zimmer. Man hatte eine Kerze angezündet. Es roch wie Krankenhaus. Steril. Er lag noch in seinem Bett, die Augen geschlossen, als würde er schlafen. Alle Kanülen entfernt, die Bettdecke ordentlich gerade gezogen. Hände übereinandergelegt auf der Bettdecke. Mit einem Kamm war sein Haarkranz ordentlich zur Seite gelegt worden. Ich sollte wohl bei seinem Anblick keinen Schock bekommen. Ich berührte seine Wange. Sie war noch nicht ganz kalt. Die Nachtschwester kam und nahm mich in den Arm. »Embolie«, sagte sie nur. »Mein herzliches Beileid.«

Karl hatte einen Darmtumor. Im Frühstadium bei einer Darmspiegelung entdeckt. Er war nach einer Operation auf dem Weg der Besserung. Alle rechneten damit, dass er sich erholen würde. Es gab keinen Hinweis darauf, dass wir um sein Leben fürchten mussten. Der Krebs war noch nicht weit fortgeschritten, hatte noch nicht gestreut.

Ich setzte mich an sein Bett und bat die Schwester, mich mit ihm allein zu lassen. Die currygelben Vorhänge vor dem Fenster waren bis auf einen kleinen Schlitz in der Mitte zugezogen. Als ich nach der ersten Verwirrung meine Gedanken ein wenig sortiert hatte und in mich gegangen war, spürte ich nicht Trauer, sondern Dankbarkeit, dass der liebe Gott es so für mich gefügt hat. Dass diese Kampfbeziehung ein natürliches Ende gefunden hat. Nun war ich ihn endgültig los, diesen garstigen kleinen Bären, der mich tyrannisiert und meine Gefühle verletzt hatte. Ich war irritiert, dass ich so reagierte. Ich erinnerte mich an die Worte meiner Mutter: »Mein Gott, Kind, tu dir das doch nicht an. Verlass ihn. Du bist todunglücklich.« Wie recht sie hatte! Einmal sagte sie: »Ich bete jeden Tag, dass dir die Vorsehung noch einmal einen lieben Menschen schickt.« Meine Mutter hat gespürt, wie sehr Karl mich unterdrückt hat.

Bei dieser Erinnerung überkamen mich bitterböse Gedanken, und ich ließ sie kommen. Da saßen wir zwei nun im Halbdunkel bei Kerzenschein. Sein Mund für immer verschlossen. Die Verbissenheit, die ihn stets ausgezeichnet hatte, wollte selbst im Tod nicht aus seinen Zügen weichen. Seine Starre löste bei mir nur ein sachliches Registrieren aus. Ich betrachtete ihn, wie man ein totes Meerschweinchen betrachten würde. Oder eine tote Ratte. Nicht eine Träne wollte kommen. Auch kein Hass. Dafür das Gefühl der Erleichterung. Ich schämte mich nicht einmal. So also war das Ende für uns vorgesehen. Und ich war dankbar.

Er hat mich während der vielen Jahre unserer Ehe derart unter Druck gesetzt, dass ich sogar Depressionen bekommen hatte und psychologischen Beistand suchen musste, was er völlig überflüssig fand. Zeitverschwendung. Wo ich es doch so gut bei ihm hatte. Wie oft hatte ich mir vorgenommen, ihn zu verlassen. Dann traute ich mich wieder nicht. Angst vorm Alleinsein. Angst, allein zu bleiben. Aus Ängstlichkeit nimmt man so viel in Kauf. Wieder eine Gehässigkeit geschluckt. Wieder einen fiesen Satz eingesteckt. Wieder abends in den Schlaf geheult. Ins Kissen gebissen. Wenn ich allein war, habe ich manchmal Wutschreie ausgestoßen. Beim Kartoffelschälen eine Kartoffel vor die Tür gepfeffert. Weil ich nicht wusste, wohin mit meinem Zorn. Was habe ich Tränen vergossen in dieser Ehe. Für all die Demütigungen, die ich ausgehalten habe. Ihn ließen meine Tränen kalt. Nie wurde ich in den Arm genommen. Ich kann mich an kein einziges verständnisvolles Gespräch erinnern. Nur immer blöde, unpassende Kommentare. Ich habe mich auch gewehrt, für meine Rechte in der Partnerschaft gekämpft. Eigentlich bin ich eine Kämpfernatur. Habe mich ihm widersetzt. Es kam nur Spott.

Jetzt in der Stille der Nacht kam alles hoch. Da lag er vor mir, so wehrlos anzusehen in seinem ordentlichen hellblauen Schlafanzug, den Mutti bei C&A gekauft hatte. Karl war ein Muttersöhnchen. Einzelkind. Vater Tyrann, Mutter geknechtet. Beide ließen den Sohnemann nicht aus ihrem festen Griff. Er war 38, als er mich kennenlernte. Ich war seine erste Frau und mich wundert noch heute, dass die Eltern ihre Zustimmung zu unserer Hochzeit gegeben haben. Zumal ich geschieden war, also mit einem Makel behaftet. Heute weiß ich, sie machten gute Miene … Schließlich sollte der Junge nicht ewig Single bleiben. »Karl soll kein einsames Leben führen, wenn wir mal nicht mehr sind«, sagte Mutti, und damit hätte sie in »Schwiegertochter gesucht« auftreten können. Loslassen wollten sie ihn aber auch nicht. Jahrzehntelang habe ich jeden Abend um Punkt 19 Uhr ihren Anruf ertragen. »Was machst du, Karl, wie war dein Tag, hat deine Frau dir was Leckeres gekocht?«

Hier in der Dunkelheit des nächtlichen Krankenhauses erstanden wieder Szenen unserer Ehe vor meinem inneren

Auge. Die immer gleichen Dialoge. »Karl, bitte führe ein klärendes Gespräch mit deinen Eltern. Ich ertrage es nicht, dass sie dich jeden Abend einnorden.« – »Kommt nicht infrage. Ich bin Einzelkind. Die haben sonst niemanden.« – »Aber ich bin deine Frau und müsste dir doch näher stehen. Sind dir meine Gefühle egal?« – »Du siehst das falsch. Du müsstest viel lockerer sein.« – »Es stört mich. Es verletzt unsere Intimsphäre. Werde endlich erwachsen und löse dich von deinen Eltern.« – »Habe ich doch längst. Das stimmt so gar nicht.« – »Bin ich verkehrt?« – »Scheint so. Du machst Probleme, wo keine sind.« So war das. Ich war schuld. Ich war diejenige, die nicht richtig tickte.

Die Schwester öffnete noch einmal leise die Tür und fragte, ob ich etwas zu trinken möchte. Tee vielleicht. Ich verneinte und gab mich weiter meinen Erinnerungen hin. Mir fielen die vielen gemeinsamen Abendessen ein. Jede Woche hatte ich die beiden einmal zu Gast. Immer wurde kritisiert. Regelmäßig die Frage seiner Mutter: »Hält Karl dich zu kurz oder warum ist kein Schinken auf dem Tisch?« Seine Mutter saß am Tisch, als hätte sie einen Schraubstock in der Bluse. Sie aß in kleinen Häppchen, die sie lange kaute. Sie durfte immer nur eine Schnitte nehmen. Vati wollte das so. Nahm sie mal eine zweite, weil es ihr gut schmeckte, bekam sie von ihrem Mann einen Klaps auf die Finger: »Zu Hause isst du auch nur eine. Das reicht.« Sie zog die Hand zurück. Meine kleine persönliche Fehde war, dass ich ihr die Scheibe wieder auf den Teller legte und sagte: »Nimm ruhig, Mutti, ich sehe doch, dass es dir schmeckt.« Dafür erntete ich böse Blicke und Vati brachte es fertig, die Scheibe Brot wieder in den

Brotkorb zu legen. »Mutti hat genug.« Mutti litt und sagte nichts. Waren wir eingeladen, wurden nur die beiden Männer gefragt: »Vati, möchtest du noch was? Und du, Karli, du hast doch bestimmt noch Hunger.« Ich als geduldete Beigabe wurde nicht gefragt. Wollte ich einmal einen Kommentar zu etwas beisteuern, kam ich nicht durch. Seine Eltern hatten Besitz von ihm ergriffen. Das wurde mit Erpressung untermauert. Wenn du das und das machst, bekommst du dies oder jenes. Es gab nichts ohne Gegenleistung. Sie mischten mehr und mehr in unserer Ehe mit.

Ich blickte auf Karls schmale Lippen. Ein Mund, der nicht gut küssen konnte. Nur futtern konnte er damit. Deshalb war Karl gedrungen wie Kommissar Thiel, der prollige Partner von Professor Boerne aus dem Münsteraner Tatort. Auch Karls Vater war klein und drall. Zwei knubbelige Ekelpakete. Beim Blick auf Karls hellblauen Schlafanzug fiel mir ein, wie wir für Karl eine Jacke eingekauft hatten. Ich fand es schrecklich, wie er sich anzog, und wollte ihm guten Geschmack beibringen. Seine Eltern klinkten sich selbstverständlich ein. Sie waren eingefleischte C&A-Gänger. Natürlich waren sie beim Einkauf und vor allem bei der Kaufentscheidung unverzichtbar. Meine Anwesenheit fanden sie eigentlich überflüssig. Mutti wühlte die Jacken durch. Hielt eine tannengrüne hoch: »Schau mal, Karli. Zieh die mal an, die hat Vati auch, die ist schön.« Da habe ich wieder einmal aufbegehrt: »Ich will nicht, dass mein Mann wie Vati herumläuft. Haltet euch raus!« Ich war richtig giftig. Sofort schnappten sie ein. Vati zog Mutti hinter sich her aus dem C&A raus und Mutti rief: »Dann seht mal zu, wo ihr eine Jacke herbekommt.«

Karl hat sich dann beim 19-Uhr-Anruf bei Mutti und Vati entschuldigt und vorwurfsvoll zu mir gesagt: »Etwas Rücksicht ist wohl nicht zu viel verlangt. Wo sie sich schon die Mühe machen und mitkommen.« Ich erwiderte: »Ich möchte einen vernünftig angezogenen Mann und keinen, mit dem ich mich schämen muss. Außerdem kann ich alleine einkaufen.«

Bei uns im Haus gab es einen kleinen Fototisch. Darauf standen ausschließlich Fotos von Karl, Mutti und Vati. Die weitaus meisten von Mutti und Karl. Ich kam da nicht vor. Nicht einmal ein Hochzeitsfoto war ich wert. Karl hatte als Ingenieur ein gutes Einkommen. Aber er war die personifizierte Knickerigkeit. Ich habe mir während unserer gesamten Ehe Geld für mich persönlich dazu verdient. Ich wollte nicht betteln müssen, ob er mir Geld für eine Jacke oder ein schönes Kleid gibt. Karl betonte immer: »Meine Frau muss nicht arbeiten, die will unbedingt.« Vati und Mutti hatten kein Verständnis dafür. »Die kriegt den Hals nicht voll«, hieß es. Keiner verstand, dass ich mich auch beruflich entfalten wollte, nicht nur das Haus sauber halten und in der Küche stehen mochte. Obwohl Karl gut verdiente, bekam er regelmäßig Geld von seinen Eltern zugesteckt, die wohlhabend waren. Ich nie. Nicht einmal zum Geburtstag oder zu Weihnachten. Ich bekam ausschließlich Geschmacklosigkeiten von »Nanu-Nana«. Karl sagte dann immer: »Wie aufmerksam! Freust du dich?« Er steckte noch mit 50 die Füße unter Vaters Tisch. Von den elterlichen Zuwendungen wurden teure Autos gekauft. Er reiste auch gern und da nahm er mich erstaunlicherweise mit.

Jeden Sonntag war Frühschoppen. Wenn er genug getrunken hatte, kam er nicht nach Hause. Einmal war ich außer mir und rief seine Eltern an. »Ich halte es nicht mehr aus. Ich muss ihn verlassen.« Er kam bald darauf nach Hause, um mir zu sagen: »Dann geh!« Das war mein Stellenwert für ihn.

Das alles kam hoch in der Stille. Warum nur war ich geblieben? Natürlich hatten wir auch schöne Momente. Aber die waren verschüttet. Mir fiel an seinem Totenbett und auch später bei seiner Beisetzung nichts Schönes ein. Bis heute denke ich, die Vorsehung hat ihn sterben lassen. Die Fügung war auf meiner Seite. Sie hat mich erlöst von meinen Qualen. Am Morgen kam der Bestatter und holte ihn. Die Beerdigung brachte ich hinter mich, wie es sich gehört. Sachlich, ohne viel Tamtam. Ich riss mich zusammen. Warf ein Schäufelchen Erde in sein Grab wie alle anderen, hatte weder einen Trauerredner noch Musik bestellt. Karl ist überraschend, leise und unauffällig aus meinem Leben verschwunden. Ich hatte auch noch eine Kaffeetafel organisiert. Als alle gegangen waren, ging ich allein nach Hause und duschte ausgiebig alles ab. Den ganzen Karl und was zu ihm gehörte. Danach ging ich Eis essen. Nuss-Vanille mit Sahne und Krokant-Streuseln. Mein Lieblingseis.

Sein Vater war zu dem Zeitpunkt bereits tot, seine Mutter dement. Sie lebte in der »Arche«, einer Abteilung für Demenzkranke im Altenheim. Sie erkannte mich nicht mehr. Ich wurde gut versorgt hinterlassen, abbezahltes Haus, Rente, Versicherung. Ich arbeitete alle Ordner, die mich zu seinen Lebzeiten nichts angingen, sorgfältig durch und brachte Ordnung in mein Leben. Ich machte eine Aufstellung von Ein-

nahmen und Ausgaben und stellte fest, dass ich gut zurecht-
kommen würde.

Es verging kein halbes Jahr, da lernte ich meinen jetzigen
Mann kennen … Ich erlebte, was andere mit 18 erleben. Ich
war bei Ikea und wollte ein Geschenk umtauschen, setzte
mich hinter der Kasse noch auf eine Bank und aß ein paar
Kekse. Ich fühlte mich beobachtet. Ein Mann saß mir schräg
gegenüber. Nach einigen Minuten erwiderte ich seinen Blick.
Er sprach mich an und mich durchströmte ein warmes Gefühl. Was für ein freundlicher, offener Mensch. Ungezwungen
sprachen wir über tausend Themen. Er war so wohlwollend
und so interessiert an mir, das kannte ich ja gar nicht. Als
wir uns verabschiedeten, fragte er nach meiner Telefonnummer und ich gab sie ihm. Ich fuhr nach Hause und als
ich meine Wohnungstür hinter mir geschlossen hatte, machte
ich einen Luftsprung vor Freude und quietschte laut vor
Verzückung. Dass ich das mit 65 noch erleben durfte … ein
Wunder.

Jetzt sind wir seit fünf Jahren zusammen und ich habe
einen Mann, wie ich ihn mir immer gewünscht habe. Ich
muss nicht kämpfen, kann mich frei entfalten, werde gehört
und wir sind gesellig und fröhlich. Mein Mann ist großzügig
und warmherzig, das Gegenteil von Karl, und ich danke dem
lieben Gott für dieses Geschenk auf meine alten Tage.

▶ Überwindung der Trauer

Heutzutage verbringen nur noch wenige Frauen, deren Mann verstorben ist, den Rest ihres Lebens in Trauer. Zudem kommt jetzt eine Generation ins Witwenalter, die die 68er-Bewegung, die Frauenbewegung, die AKW-Bewegung mitgemacht oder zumindest erlebt hat. Eine Frauengeneration, die häufig Abitur und Studium absolviert oder einen Beruf erlernt hat, den sie auch gerne ausgeübt hat oder noch ausübt. In der Regel machen verwitwete Frauen in unserer Kultur eine Trauerphase durch, die je nach Situation bis zu einem Jahr dauern kann. Viele finden schon eher ins Leben zurück. Denn das Leben geht weiter und die Frauen ziehen sich nicht unüberschaubar lange zurück. Die weitaus meisten Frauen haben den Verlust spätestens nach einigen Monaten verarbeitet. Sie orientieren sich neu und erkennen, dass ihr Leben noch spannende Herausforderungen bereithält.

Männer sind bei der Heirat in der Regel nicht nur älter (2012: 33,5) als Frauen (2012: 30,7), sie sterben zudem sieben Jahre eher. So sind von den 7,1 Prozent der Deutschen, die verwitwet sind, 80 Prozent Frauen, davon wieder 89 Prozent über 60 Jahre alt. Eine Frau wird durchschnittlich mit 69,9 Jahren Witwe. Die meisten Witwen haben ein mittleres oder höheres Einkommen und leben in guten oder zumindest ausreichenden Wohnverhältnissen. Nur jede fünfte Witwe würde sich als einsam bezeichnen.

Dass gerade ältere Witwen und Witwer ihren Verlust relativ schnell verarbeiten, zeigt eine Studie der Michigan University, bei der 1500 Betroffene über 65 Jahre befragt wurden: Im Durchschnitt dauerte die Trauerzeit nur ein halbes Jahr. Obwohl jeder zweite Betroffene angab, eine glückliche Ehe gehabt zu haben, war die Trauer nicht übermäßig groß. Das habe aber nichts mit fehlender Liebe oder gar Kaltherzigkeit zu tun, wie die Soziologin Deborah Carr erklärt, sondern sei das Resultat eines gesunden Umgangs mit dem Verlust. Auch Gefühle wie Erleichterung nach dem Tod des Partners sind nicht selten. 10 Prozent der Befragten sahen diesen als Erlösung aus einer unglücklichen Ehe. Die Studie wurde vom amerikanischen National Institute of Aging finanziert und erschien im soziologischen Fachbuch »Spousal Bereavement in Late Life«. (http://www.focus.de/gesund heit/gesundleben/vorsorge/news/tod-des-partners_aid_ 106275.html)

Lebenslüge mit Todesfolge

Suizid: Schock, Trauer, Wut, Begreifen

Der Gerichtsmediziner hatte mir geraten, ihn nicht noch einmal anzuschauen. Er sehe entstellt aus und ich solle ihn doch in Erinnerung behalten, wie ich ihn kenne. Der Mann hat keine Ahnung, dachte ich. Ich wollte es unbedingt und setzte mich durch. So schlimm sah er nicht aus. Jedenfalls nicht für mich. Es war ein total bewegender Moment, ihn tot zu sehen, und ich bin froh, dass ich ihn noch einmal angeschaut habe. Er hatte ein paar Beulen und Kratzer, aber sein vertrautes Gesicht habe ich wiedererkannt. Ich hätte gern noch mehr Zeit mit ihm gehabt, Zeit für uns, aber auch Zeit für mich, Zeit, um Abschied zu nehmen, aber ich war nicht stark genug, darauf zu bestehen. Man hat ihn mir entrissen.

Drei volle Wochen war er verschwunden. Wie vom Erdboden verschluckt. Wir hatten uns sonntags für 15 Uhr verabredet und wollten Freunde besuchen. Mein Mann war mit seinem Mountainbike unterwegs. Wir wohnten im Süden, in einer bergigen Gegend. Mein Mann liebte Extremsportarten. Paragliding, Fallschirmspringen, Bergsteigen. Immer am Limit. Und eben sein Mountainbike, mit dem er in jeder freien Minute unterwegs war. Sogar sonntagsmorgens. Anstatt mit mir im Bett zu kuscheln, stieg er lieber auf sein Rad.

Als er bis 20 Uhr nicht zurück war, habe ich die Polizei verständigt. Auf der Wache sagte man mir, er sei vielleicht noch ein Bier trinken oder hinge mit Freunden fest. Völliger Blödsinn, mein Mann trank nicht, rauchte nicht und hatte auch kaum Freunde. Ein sehr introvertierter Mensch. Über seinen Sport reagierte er sich ab. Das kam mir schon manchmal zwanghaft vor. Er war so in sich gekehrt, dass es mir manchmal unheimlich war.

Bei mir tickte mit meinen 36 Jahren die biologische Uhr und ich wollte unbedingt Kinder. Mein Mann wollte das auf gar keinen Fall. Er war überzeugt, er könne wegen seiner eigenen traumatischen Kindheit kein guter Vater sein. Das war unser Knackpunkt und ich hatte ihm am Abend zuvor gesagt, dass ich an Trennung dächte, wenn er meinen Kinderwunsch nicht akzeptieren könne. Dass ich so nicht mit ihm weiterleben könne. Da waren wir schon 15 Jahre zusammen. Bei diesem Gespräch sagte er – wie immer – nichts. Aber er hatte Tränen in den Augen.

Sonntag Abend tat die Polizei alles, um mich zu beruhigen. Erfahrungsgemäß tauchten vermisste Menschen von selbst wieder auf und es gebe eine Erklärung für ihr Fernbleiben. Erst Montag Morgen wurde ein Suchtrupp gebildet, der die Gegend systematisch durchkämmte. Ohne Ergebnis. Ein Polizeipsychologe bemühte sich, bei mir die Hoffnung zu erhalten, dass er noch gefunden wird. Aber ich wusste nach einem Tag, dass er tot sein musste. Woher ich diese innere

Gewissheit nahm, ist mir erst heute klar. Denn alles deutete darauf hin. Ich hatte die Warnzeichen einfach übersehen.

Drei volle Wochen blieb er verschwunden. Drei Wochen, in denen ich verloren zu Hause saß und mich fragte, was mache ich bloß? In denen ich alle Verwandten und Freunde anrief, Nachbarn informierte. Alle halfen mir bei der Suche. Die Polizei riet mir, seine Kontobewegungen zu überprüfen. Vielleicht hätte er sich aus dem Staub gemacht. Aber so war es sicher nicht. Sein Konto blieb unangetastet.

Ich hatte Tage, da lief ich die Strecken ab, die er gerne befuhr, guckte unter jeden Busch, jeden Strauch. Schließlich hängten wir überall Plakate auf mit seinem Foto. Zuletzt wurde ein Hubschrauber mit Wärmebildkamera gestartet. Nichts tat sich. Ein Albtraum.

Nach drei Wochen meldete sich ein Spaziergänger mit Hund. Die hatten ihn in einer Schlucht erspäht, in die er wohl mitsamt seinem Bike gestürzt sein musste. Von oben schwer und nur dank seiner knallroten Biker-Jacke zu sehen. In der Gerichtsmedizin stellte man Genickbruch fest. Keine Fremdeinwirkung. Die Polizei deklarierte es als Unfall. Einer der schrecklichsten Momente in meiner Erinnerung: Als ich die Plakate mit seinem Foto wieder abnehmen musste.

Auch ich wollte an einen Unfall glauben. Das war jedoch reiner Selbstschutz. Heute ist mir klar, er hat sich das Leben genommen. In einer für ihn aussichtslos scheinenden Situation. Ihm wuchs mein Kinderwunsch über den Kopf. Die ständigen Auseinandersetzungen. Er war wohl depressiv. Und ich war über alle Warnsignale hinweggegangen. Ich wollte sie nicht wahrnehmen.

Ich war beseelt davon, ein Baby zu bekommen. Ich wollte unbedingt schwanger werden, steigerte mich da hinein, je älter ich wurde. Zu meiner Lebensplanung gehörten Kinder. Dadurch hatten wir uns so weit voneinander entfernt, dass er mir fremd geworden war. Heute bin ich sicher, dass er sehr verzweifelt gewesen sein muss. Ich habe Schuldgefühle, dass ich so über seine Bedürfnisse hinweggegangen bin. Ich mache mir Vorwürfe. Aufgrund seiner Biografie ist mir heute klar, warum er sich so gegen ein Kind wehrte. Er hatte eine lieblose Kindheit und Angst, dass er seinen Kindern nicht genug geben könnte. Unser Dilemma: Er redete nicht. Er war ein beständiger Schweiger. Er sagte einfach nichts.

Die ersten Wochen nach seinem Tod war ich in einem Schockzustand gefangen. Weinen konnte ich nicht. Da war nur Verzweiflung und Ratlosigkeit. Ich musste mein Leben neu ordnen. Es war so viel zu regeln und zu organisieren. Sein Selbstmord hatte mein Leben negativ verändert. Irgendwann kam auch eine unbändige Wut, dass er so sang- und klanglos gegangen war. Ohne Abschiedsbrief, ohne ein Wort. Ohne den Versuch unternommen zu haben, unsere Probleme zu klären. Ohne sich zu stellen. Eine Situation ohne vernünftigen Abschluss. Einfach abgeschnitten. Wortlos. Ohne Abschied. Ein gewaltsames Ende. Ich fühlte mich aus der Bahn geworfen und um mein weiteres Leben betrogen. Ich verlor durch diese Erfahrung mein Vertrauen ins Leben. Diese Gewissheit, alles wird gut.

Ich habe ihn ganz konventionell auf einem Friedhof in der Nähe unseres Hauses bestattet. Jeden Tag muss ich dort vorbeigehen. Ich machte verschiedene Phasen durch. Eine

Weile besuchte ich jeden Tag sein Grab und hielt innere Zwiesprache. Da überwog die Verzweiflung, das Nicht-Verstehen. Dann konnte ich eine Zeit lang sein Grab nicht mehr sehen. Ich ignorierte den Friedhof. Dann wieder fluchte ich über ihn und beschimpfte ihn wüst, wenn ich am Friedhof vorbeiging. Und dann gab es eine Phase, wo ich gern mit ihm getauscht hätte. Ich dachte, wäre ich doch auch tot. Das mündete letztlich in eine Phase, in der ich dankbar für die Mühsal des Lebens war, dankbar, dass ich sie spüren durfte. Es war ein höllisches Wechselbad der Gefühle.

Unsere Wohnung gestaltete ich in meiner Wut-Phase um. Als ich ihn beschimpfte und über ihn fluchte. Seine Sachen gab ich zum größten Teil weg. Sein Foto steht im Wohnzimmerregal. Wenn ich ihn heute anschaue, sehe ich seinen depressiven Blick. Verzagt. Unfroh, obwohl er lächelt. Dann denke ich, ich hätte achtsamer in seine traurigen Augen schauen müssen.

Mir hat eine Trauergruppe unserer Gemeinde viel gegeben. Die Gruppe bestand aus jungen Frauen in meinem Alter, deren Männer viel zu früh gegangen sind. Manche hatten Kinder, andere wollten noch welche – wie ich. Wer so eine Situation durchlebt hat, kann nachempfinden, was der andere denkt. Ich fühlte mich aufgehoben und verstanden, ich konnte weinen oder auch starr oder zornig sein. Das tat mir gut.

Mein Mann und ich hatten darüber gesprochen, dass es besser sei, auseinanderzugehen, als uns gegenseitig krank zu machen. Ich sagte das immer in der Hoffnung, er werde sich besinnen und wir würden eine Lösung finden. Niemals wäre ich auf die Idee gekommen, dass er sich so aus dem Staub macht. Dass er einfach abhaut. Ich war mein halbes Leben mit ihm zusammen. Ich hatte meine Identität verloren und musste wiederfinden, wer ich bin. Tagebuchschreiben hat mich dabei unterstützt. Ich habe mir über viele Dinge Rechenschaft abgelegt. Auch immer wieder die Frage: Hätte er sich nicht das Leben genommen, wenn ich ihn nicht so unter Druck gesetzt hätte? Ich weiß es nicht.

Wir waren so unterschiedlich. Ich bin eher emotional und positiv. Wenn wir Reisen machten, konnte ich mich begeistern für die schöne Gegend, das Wetter, die neue Situation, während er sich sorgte, ob die Unterkunft in Ordnung sein würde. Ich bin Optimist gewesen und emotional, er Pessimist und Verstandesmensch. Wir hatten keineswegs dieselbe Wellenlänge. Trotz allem hatte ich Vertrauen in unser Ja-Wort, das wir uns immerhin in der Kirche vor Gott gegeben hatten. Es war eine tiefe Verletzung für mich, dass etwas, auf das ich mein Leben gebaut hatte, worauf ich mein Leben ausgerichtet hatte, mir so brutal genommen wurde. Dass er diesen Weg wählte, weil er die Situation nicht mehr aushielt. Bis heute unfassbar.

Ein neuer Partner passt noch längst nicht in mein Leben, aber von meinem Kinderwunsch habe ich mich verabschiedet. Schweren Herzens. Ich sage mir, es ist dann eben so. Es sollte nicht sein. Ich muss sehen, wie ich zurechtkomme. Es ist schmerzvoll, dass wir so gescheitert sind. Dass er sein Leben einfach beendet und mich so verlassen hat. Ich bin selbstständiger und selbstbewusster geworden. Der dicke Panzer, den ich um mich herum aufgerichtet hatte, bröckelt langsam. Das ist gut. Ich denke oft, er ist schon da, wo ich noch hinkomme. Eins ist gewiss: Ich habe das Schlimmste durchlebt, was ein Mensch durchleben kann. Ich habe es überlebt. Schlimmer kann es nicht kommen. Von null wieder anfangen. Ohne Partner. Kinderwunsch begraben. Ich weiß, ich muss vor nichts mehr Angst haben. Ich gehe meinen Weg. Zwar fühle ich mich oft einsam. Ich suche die Einsamkeit aber auch, gebe meinen Gefühlen endlich Raum. Die Trauer darf kommen. Das geht nur, wenn man die Einsamkeit akzeptiert. Ich gebe mir Zeit, dass sich alles innerlich entwickeln und heilen kann.

Die Gruppe gibt mir Halt. Wir wissen viel voneinander. Dort ist das Wissen gut aufgehoben. Ich habe viel von mir preisgegeben. Unter manchen Menschen fühle ich mich fremd. Es verbindet mich nichts mit ihnen. Sie können mich auch nicht verstehen. Ich schaue heute genau: Wer gehört zu mir, auf wen kann ich mich verlassen? Bei wem fühle ich mich geborgen und gut aufgehoben? Bei wem kann ich mich öffnen? Belanglose Kontakte meide ich.

▶ **Trauerphasen**

Die Psychologie unterscheidet vier Phasen der Trauer, die aber in individueller Abwandlung durchlaufen werden können.

Hier folgt die Einteilung der Trauerphasen nach der Schweizer Psychologie-Professorin Verena Kast (angelehnt an das Modell von Elisabeth Kübler-Ross):

Trauerphase 1: Nicht-Wahrhaben-Wollen
In dieser ersten Phase der Trauer ist der Betroffene vom Schock der Nachricht meist wie erstarrt. Es herrschen Verzweiflung, Hilf- und Ratlosigkeit vor. Häufig wird der Verlust vom Trauernden zu diesem Zeitpunkt verleugnet.

Trauerphase 2: Aufbrechende Emotionen
In dieser Phase wird begriffen, dass der Verstorbene wirklich tot ist und nicht wieder zurückkehren wird. Es können die verschiedensten Gefühle beim Trauernden aufkommen, von Leid und Schmerz über Wut, Zorn, Traurigkeit, Angst und Freude bis hin zu Schuldgefühlen. Für den weiteren Verlauf ist es sehr wichtig, dass der Trauernde die Möglichkeit bekommt, diese Gefühle zu äußern und auszuleben.

Trauerphase 3: Suchen und Sich-Trennen
Das bewusste Abschiednehmen kann nun beginnen; der Verlust wird verarbeitet. Dies geschieht durch intensive Auseinandersetzung mit dem Verstorbenen. Diese Phase ist für den Trauernden einerseits sehr schön, andererseits sehr schmerzlich. Im Verlauf dieses intensiven Prozesses kommt dann der Augenblick, in dem der Trauernde die innere Entscheidung trifft, wieder »Ja« zum Weiterleben zu sagen oder aber auf Dauer in der Trauer zu verharren.

Trauerphase 4: Neuer Selbst- und Weltbezug
In der letzten Trauerphase kehrt allmählich innere Ruhe und Frieden mit sich selbst und dem Verlust ein. Es wird ein neuer Lebenszusammenhang ohne den Verstorbenen ge-

schaffen und somit der Wiedereingliederung in die Gesellschaft der Weg bereitet. Der Trauernde merkt nun, dass es auch ohne den Verstorbenen weitergeht und dass er selbst für seine Zukunft verantwortlich ist. Der Verstorbene bleibt aber ein wichtiger Teil in der Erinnerung des Trauernden.

Wichtig zu wissen im Zusammenhang mit den verschiedenen Phasen der Trauer ist, dass die einzelnen Trauerphasen nicht klar voneinander abgrenzbar sind. Sie können sich überlappen, miteinander vermischen oder auch in veränderter Reihenfolge ablaufen.

Von hier fliegt Papa in den Himmel
Letzte Station Hospiz

Mein Mann und ich sprachen sehr offen über den Tod. Nach der Diagnose Magenkrebs war schnell klar, dass er es nicht überleben würde. Sein Magenausgang war komplett verschlossen. Die Leber und auch das Bauchfell waren bereits von Metastasen befallen. Ihm wurde ein Magenumgang gelegt, damit er wieder Nahrung zu sich nehmen konnte. Es folgte dann die Chemotherapie, die er relativ gut vertrug. Mein Mann war immer für klare Worte und wollte gleich auf den Punkt kommen. Er sagte zu unserem Arzt: »Ich will alles genau wissen. Ich mag kein Um-den-heißen-Brei-Reden.« Und so machten wir uns auch keine Illusionen.

Nachdem wir beide diesen Schock ein wenig verdaut hatten, beschlossen wir, offen mit unseren beiden Töchtern, fünf und sieben Jahre alt, zu sprechen. Wir versammelten uns abends um unseren großen runden Esstisch, zündeten Kerzen an. Ich hatte warmen Kakao gemacht. Mein Mann erklärte den zwei Mädchen, dass ihr Papa nicht mehr lange auf der Erde bleiben würde. Dass er sterben und dann in den

Himmel kommen würde. Sie könnten aber sicher sein, dass er auch vom Himmel aus immer auf sie schauen und alles sehen würde. Unsere ältere Tochter wollte wissen, was denn der Papa für eine Krankheit habe. Mein Mann erzählte wahrheitsgemäß, dass er Krebs habe und die Ärzte diesen Krebs nicht mehr aus ihm herausbekämen. Sie fragte: »Frisst der Krebs dich?« – »Ja, so ungefähr.« Wir mussten alle weinen.

Kinder haben ein anderes Verhältnis zum Tod. Mein Mann und ich waren der Meinung, dass es besser für unsere Töchter sei, offen mit seiner Krankheit umzugehen. Auch unsere jüngere Tochter machte sich Gedanken. »Was machst du, Papa, wenn wir etwas tun, was wir nicht dürfen. Siehst du das dann vom Himmel und schimpfst?« – »Naja«, meinte mein Mann. »Vielleicht schicke ich dann mal einen kräftigen Donner zur Erde.« – »Auch einen Blitz?« – »Ja, vielleicht auch einen Blitz.« Dieses Gespräch hatte zur Folge, dass die beiden später bei Gewitter fragten: »War das jetzt Papa?«

In der ersten Zeit blieb mein Mann noch zu Hause. Als sich sein Zustand so verschlechterte, dass er ohne Pflege nicht mehr auskam, beschlossen wir, in ein Hospiz zu gehen. Wir hatten uns über die Hospizbewegung informiert und nur Gutes gehört. Dass dort ein schmerzfreier, würdevoller Tod möglich sei. Meine Mutter würde zu uns ziehen und für die beiden Mädchen sorgen. Ich würde mit ins Hospiz einziehen. Es war sowohl möglich, ein Bett in sein Zimmer zu stellen, als auch später, wenn es nicht mehr ging, die Nacht gemeinsam in einem Raum zu verbringen, ein Gästezimmer zu nehmen. Wir hatten uns einige Hospize angeschaut und uns für ein modernes Haus entschieden in einem neuen Gebäude mit großen Fenstern und hellen freundlichen Zimmern, zentral gelegen, sodass wir gut mit öffentlichen Verkehrsmitteln zu erreichen waren.

Als mein Mann seinen Platz und sein Zimmer bekam, richtete ich es ihm zuerst wohnlich ein. Ich hängte Fotos von uns allen auf. Die Mädchen hatten Bilder gemalt. Eins stellte Papa im Himmel dar, auf einer Wolke. Ein anderes zeigte Papa, wie er ein Gewitter schickte mit Regen, Blitz und Donner. Auch die hängte ich in sein Blickfeld. Meine Kleine hatte ihm ihren Teddy und meine Große ihren Hasen ins Bett gelegt. »Damit du nicht so alleine bist.«

Mein Mann und ich sprachen offen über den Tod. Das tat gut. Ich musste nichts zurückhalten. Der größte Wunsch meines Mannes war, die Einschulung der Kleinen noch mitzuerleben. Das schaffte er auch tatsächlich. Zwar im Rollstuhl, aber er konnte dabei sein. Es gibt ein Foto, das ihn mit der Kleinen auf dem Schoß und großer Schultüte zeigt. Danach ging es rapide bergab. Ab da veränderte er sich. Er wurde sehr ruhig, war oft auch abwesend. Für uns beide war jetzt endgültig klar: Wie lange noch? Er konnte immer schlechter essen, bald blieb nichts mehr drin. Kurz nach Frühlingsanfang begannen wir mit künstlicher Ernährung über den Port. Wir hofften, dass er dadurch noch mal auf die Beine kommen würde.

Aber nach zwei Wochen war immer noch keine Besserung zu spüren. Da der Port eine Qual für ihn war, verweigerte er diese Art der künstlichen Ernährung. Danach wurde er immer schwächer. War er einst ein stattlicher großer Mann von 125 Kilo, so wog er zum Schluss nur noch 68 Kilo. Wenn ich das Foto betrachtete, wo er die Kleine huckepack hat, kamen mir die Tränen. Da war er noch muskulös. Kein Gramm Fett zu viel. Im Fitnessstudio gestählt. Seine Tätowierungen thronten prall auf seinen muskelbepackten Armen. Jetzt sahen sie faltig und mickrig aus.

Sein Bart war ausgedünnt. Seine Haare ausgefallen. Die Tattoos auf der schlaffen Haut kaum erkennbar. Früher hatten wir uns immer über seine Eitelkeit lustig gemacht. Er brauchte von uns allen am längsten im Bad. Er roch immer gut. Jetzt konnte er sich nicht mehr alleine rasieren, musste sich duschen lassen und an Bodybuilding war überhaupt nicht mehr zu denken. Stattdessen brauchte er Windeln. Das war auch für ihn sehr schwer zu ertragen.

Manchmal brach mir sein Anblick das Herz. Dann ging ich in den Ruheraum und betete. Ich blätterte in dem Buch, in dem man seine Gedanken niederschreiben konnte. Wenn ich die Sätze las, die meine Vorgänger dort hinterlassen hatten, fühlte ich mich nicht mehr so allein. Seine Ziele wurden immer bescheidener. Erst wollte er es bis zur Einschulung schaffen. Dann nur noch bis zum nächsten Tag. Zweimal war es fast zu Ende. Doch er kam noch mal zurück. Wenn er dann die Augen aufschlug, sagte er in einem seiner wenigen lichten Momente: »Ich habe an dich und die Mädchen gedacht. Da konnte ich noch nicht gehen.« Es war ein verzweifelter Kampf. Vor dem Tod hatte mein Mann keine Angst. Aber davor, seine Familie zu verlassen. Die Tatsache, dass seine Töchter bald keinen Vater mehr hätten, das machte ihn verzweifelt. Er sagte einmal: »Ich würde alles geben, wenn ich euch noch ein bisschen begleiten dürfte. Es ist so schwer, zu gehen, wenn man im Leben noch etwas zu Ende bringen möchte. Es tut so weh, die Kinder alleinzulassen.«

Wir weinten auch viel zusammen. Immer hielt ich fest seine Hand oder streichelte ihn über die Wange. Immer öfter war er weggetreten. An guten Tagen kam meine Mutter mit unseren Mädchen. Sie betrachteten ihn kritisch und fragten: »Papa ist so dünn. Hat der Krebs das schon alles gefressen?« Manchmal konnten wir lachen. Aber die guten Tage wurden deutlich weniger. Immer öfter hatte ich einen Kloß im Hals, wenn ich ihn ansah. Es kam die Zeit, als es nur noch bergab ging. Er hatte literweise Flüssigkeitsansammlungen im Bauchraum, die punktiert werden mussten. Immer zehn bis zwölf Liter. Unfassbar. An einem frühen Montagabend kollabierte mein Mann und drei Stunden später musste ich für immer Abschied nehmen. Das war verdammt nicht leicht. Aber ich danke dem lieben Gott, an den ich eigentlich nicht glaube, dass ich die ganze Zeit über an seinem Bett sitzen und seine Hand halten durfte. Und ich danke den Hospizmitarbeitern, dass sie uns so unglaublich einfühlsam und liebevoll unterstützt haben, alles Menschenmögliche getan haben, um uns den Abschied zu erleichtern.

Zuerst wusste ich überhaupt nicht, wie es weitergehen sollte. Ich war am Ende. Ich war tieftraurig. Auch froh, dass er es geschafft hatte und keine Qualen mehr leiden musste. Ich rief meine Mutter an, und nachdem mein Mann abends gewaschen und hergerichtet worden war, kam sie mit unseren Töchtern. Die schauten sich ihren Papa genau an und fragten: »Ist seine Seele im Himmel?« – »Kann er uns hören?« – »Sieht er uns?« Meine Kleine sagte: »Papa, ich bin so traurig«, und da mussten wir wieder alle weinen.

Bei der ersten Geburtstagsfamilienfeier ohne ihn habe ich schon auf dem Weg dahin nur geheult. Weil ich wusste, dass es nicht nur jetzt so ist, dass ich ohne den Vater meiner Kinder, meinen Mann, irgendwohin muss, sondern dass er nie wieder dabei sein wird.

Ich war an einem Sonntag nach seinem Tod bei meinen Eltern. Es war ein verkaufsoffener Sonntag. Ich dachte, ich gehe mal durch die Stadt mit meinen Töchtern, damit ich auf andere Gedanken komme, etwas anderes sehe. Aber es fiel mir so unendlich schwer. Die Stadt war voll mit Familien, überall heile Welten. Das war einfach noch zu viel für mich.

Ich hatte die ganze Zeit einen Druck auf der Brust und musste mich zusammennehmen, um nicht einfach loszuheulen. Ich war froh, als ich endlich wieder im Auto saß, nach Hause fahren und mich wieder verkriechen konnte. Für so was war es wohl einfach noch zu früh.

Dieses Nie-Wieder, dieses Unendliche ist schwer zu ertragen. Am liebsten wäre ich manchmal schon 100 Jahre alt und wüsste, ich bin ganz bald bei ihm. Aber ich bin Mitte 30. Es wird wohl noch ein wenig dauern, bis ich ihn wiedersehe. Es zerreißt mich innerlich, wenn ich mich in solchen Gedanken wälze. Ich versuche ja schon immer, meine Gedanken zu ordnen, aber das ist nicht einfach. Schon gar nicht, wenn man dann abends allein im Bett liegt und nicht einschlafen kann.

Aber irgendwo musste ich ja anfangen. Meine Töchter sind ein großer Halt für mich. Sie zwingen mich dazu, wieder in den Alltag zu kommen. Und das ist gut so. Es sind nur kleine Alltäglichkeiten. Morgens pünktlich aufstehen, einkaufen, Essen kochen, sauber machen, die Kinder zu ihren Terminen fahren. Aber all das hilft mir, weiterzuleben und nicht zu verzweifeln. Im Hospiz wurde meinem Mann und mir noch eine lebenswerte Zeitspanne geschenkt. Dafür war ich so dankbar, dass ich noch zwei Jahre lang dort einmal wöchentlich ehrenamtlich gearbeitet habe. Ich habe Essen verteilt, Hände gehalten, mit Sterbenden gesprochen und mich auch für die Angehörigen interessiert. Es gibt so viele grausame Schicksale. Ich konnte sehen, dass ich nicht allein bin. Man denkt ja immer, es sind nur die Alten, die sterben. In der Zeit meiner Hospizarbeit habe ich etliche junge Männer und Frauen, die unheilbar an Krebs erkrankt waren, sterben sehen. Einige mussten, wie mein Mann, ihre Kinder zurücklassen. Ich habe mit anderen verwitweten Frauen sprechen können. Auch das hat mir geholfen, wieder nach vorne zu schauen.

▶ Letzte Station Hospiz

Das Hospiz ist der Ort, an dem schwerkranke Menschen in ihrer letzten Lebensphase Ruhe und Geborgenheit finden. Hier werden sie mit viel Aufmerksamkeit und Sensibilität für die schwere Situation medizinisch, pflegerisch und psychologisch begleitet und umsorgt, um ein menschenwürdiges und geborgenes Leben bis zuletzt zu ermöglichen. Im Hospiz wird alles angeboten, was das letzte Stück Lebensweg lebenswert macht. Der Sterbende wird liebevoll umsorgt und, soweit das möglich ist, auch schmerzfrei gehalten. Bis dahin, dass der Mensch auf Wunsch Medikamente bekommt, die ihm ermöglichen, in den Tod zu schlafen. Ist ein Mensch nicht mehr therapierbar, wird in Kauf genommen, dass er eine Medikamentendosis erhält, die den Tod möglicherweise früher herbeiführt (indirekte Sterbehilfe), als es ohne Medikamente der Fall ist. Hospize gibt es wieder seit den 80er Jahren, heute sind es bundesweit 163 stationäre Hospize, 1500 ambulante Hospizeinrichtungen mit etwa 80 000 ehrenamtlichen Mitarbeitern sowie 166 Palliativstationen.

In der Regel sind Hospize schön und geschmackvoll eingerichtet, haben gemütliche Ecken und Räume der Stille, in die man sich zurückziehen kann. Auf drei bis vier Gäste kommt ein Pfleger – Krankenhausschwestern haben doppelt oder dreifach so viele Kranke zu versorgen.

Besuch darf Tag und Nacht kommen, auch über Nacht bleiben. Es darf gelärmt werden, Kinder dürfen dabei sein und ab und zu sieht man sogar einen Hund auf dem Flur. Es herrscht Großzügigkeit im Umgang und weniger der reibungslose Ablauf wird angemahnt, sondern Bedürfnisse werden erfüllt. Denn heute weiß man, wie wichtig es ist, die Bedürfnisse eines sterbenden Menschen ernst zu nehmen. Es herrscht ein angenehmer Geist, geprägt von Nachsicht und Helfen-Wollen.

Inzwischen gibt es auch ambulante Hospizdienste, die die Betreuung schwerkranker und sterbender Menschen in ihrer häuslichen Umgebung übernehmen. Hospiz- und Palliativdienst begleiten Schwerstkranke gemeinsam mit den Angehörigen zu Hause, wo dies gewünscht und möglich ist.

In Deutschland waren es die Veröffentlichungen von Elisabeth Kübler-Ross, die das Thema Sterben ins öffentliche Bewusstsein rückten. Auch Verena Kast hat viele Bücher über Sterbende geschrieben und zuletzt hat sich die Psychologin Doris Wolf mit Tod und Trauer beschäftigt.

Kennen wir uns?

Alzheimer ist tödlich

»Kennen wir uns?« Mein Mann schluffte in Schlafanzug und Pantoffeln verstört durch den Flur in unserem Reihenhaus und suchte das Klo. »Wo in diesem vorsintflutlichen Hotel sind hier eigentlich die Toiletten? Saustall!« Er wirkte verärgert. Als ich seinen Arm nahm, um ihn zum gewünschten Örtchen zu führen, keifte er: »Ich wünsche keine unsittlichen Berührungen.« Und schon ging das Geschäft in die Hose.

Wenigstens passierte das zu Hause. Neulich, als wir bei der Fußpflege waren, war es schiefgegangen. Mein Mann spürte einen fürchterlichen Drang und Sekunden später war der Drang nicht mehr aufzuhalten. »Hab geschissen«, stellte mein ehemals geistreicher, kluger Mann sachlich-trocken fest. Ich musste das Malheur beseitigen. Die Fußpflegerin verhielt sich vorbildlich professionell und hilfreich.

Mein Mann Norbert hatte Alzheimer. Inzwischen im fortgeschrittenen Stadium. Das bedeutete ein langes, aber unaufhaltsames Absterben dessen, was ihn als Mensch ausgemacht hatte. Anfangs hatte ich nichts bemerkt. Im Nachhinein wurde mir vieles klar. Dass er sich mehr und mehr in sich zurückzog. Er fing an, Geselligkeiten zu meiden. Er wurde tüdelig und vergesslich. Wirkte zeitweilig abwesend. Das schob ich auf einen normalen Alterungsprozess und machte mir zunächst keine Gedanken. Wach wurde ich, als wir mit dem Auto unterwegs waren. Er saß am Steuer und wusste nicht mehr, wie wir nach Hause kommen sollten. Das und sein plötzlicher unkontrollierbarer Drang auf die nächste Toilette machten mich endgültig stutzig.

Ich schleppte meinen Mann, der sich heftig dagegen zur Wehr setzte, zu unserem Hausarzt, der uns in die Neurologie überwies. Dort bekamen wir die Diagnose, die ich befürchtet hatte.

Als Angehöriger ahnt man ja anfangs kaum, was da auf einen zukommt. Klar, es gab Bücher, Artikel, ich besuchte Vorträge und informierte mich umfassend. Aber alles, was man über diese schleichende Krankheit liest, ist harmlos verglichen mit dem, was man tatsächlich mitmacht. Bei meinem Mann war es keineswegs so, dass er ein liebenswerter, vergesslicher und harmloser Typ wurde, den man nur ans Händchen nehmen musste. Er wurde ausgesprochen anstrengend und vieles, was auf mich einstürmte, empfand ich als Zumutung.

Bald konnte ich verstehen, was gemeint war, wenn ich las, Angehörige stoßen an ihre Grenzen. Mein ehemals liebenswürdiger Mann wurde zeitweise aggressiv, völlig unselbstständig und ich konnte ihn keine fünf Minuten mehr allein lassen. Am Anfang konnte er sich noch normal bewegen. Später brauchte er einen Rollator und schließlich landete er im Rollstuhl. Er wurde nörgelig und quengelig.

Manchmal musste ich einfach an die frische Luft, ohne ihn. Schloss ich die Tür ab, fing er an zu randalieren. Er bollerte gegen die Haustür und rief lautstark: »Hilfeee!!« Die Nachbarn guckten schräg. Also nahm ich ihn möglichst überall mit hin. Ich konnte ihn beim Einkaufen nicht allein im Auto lassen. Einmal tat ich das, um bei der Sparkasse Geld abzuheben. Er entwickelte eine enorme körperliche Kraft, sodass mein kleiner Mercedes der A-Klasse gefährlich anfing zu schwanken. Gott sei Dank konnte er sich nicht aus dem Sicherheitsgurt befreien. Mein Mann ließ mich nicht mehr aus den Augen. Er wollte mir unbedingt überallhin folgen.

Es wurde auch gefährlich mit ihm. Norbert spielte an der Herdplatte herum und ich entdeckte, dass sie glühte. Dass man das nicht tun durfte, ersparte ich mir ihm zu erklären, denn er hätte es nicht verstanden. Er räumte die Zahnpasta in den Kühlschrank, schüttete Ketchup auf den Fußboden, was vergleichsweise harmlos war, oder maulte, ihm sei langweilig. In den Wäschekorb im Keller kippte er Waschpulver, weil er saubere Wäsche brauchte. Beim Essen goss er sich Apfelsaft in die Erbsensuppe, zerteilte die Serviette mit Messer und Gabel oder ordnete die Gulaschstücke nebeneinander auf der Tischdecke in einer gerade Reihe an. Anfangs löste ich noch mit ihm Kreuzworträtsel, aber auch daran verlor er die Lust. Es ist sehr schwer für Angehörige, diesen Verfall hautnah und über Jahre mitzuerleben. Irgendwann war klar und mein Arzt riet es mir auch: Holen Sie sich Pflege ins Haus.

Bei der Krankenkasse beantragte ich Pflegestufe 2. Wir wurden daraufhin von einer Dame besucht, die meinen Mann ausfragte. Ob er sich noch allein anziehen könne. Norbert nickte diensteifrig, selbstverständlich könne er das. Stimmte nicht. Hosen und Pullover zog er inzwischen verkehrt herum an und wenn ich nicht aufpasste, kam die Unterhose gar nicht zum Einsatz. Ob er sich morgens und abends die Zähne putze. Selbstredend! Eine seiner leichtesten Übungen. Auch das stimmte nicht. Wenn ich ihm seine Zahnbürste mit Zahnpasta nicht anreichte und hinter ihm stehen blieb, passierte gar nichts. Als er dann behauptete, er lese täglich die Zeitung, wurde ich wütend. Die Wahrheit war, er nahm sich stets die Tageszeitung, hielt sie aber verkehrt herum und starrte verständnislos auf die Blätter. Von Lesen konnte also gar keine Rede sein. Dann wurde er gefragt, ob er denn noch telefonieren könne. »Lassen Sie ihn eine Nummer wählen!«, verlangte ich mit Nachdruck. »Dann sehen Sie, dass auch das nicht mehr geht.« – »Ihr Mann kann noch sehr gut für sich sprechen«, wurde ich patzig belehrt. Und der bestätigte stolz, dass Telefonieren kein Problem für ihn sei, dass er das täglich praktiziere. Die Dame von der Krankenkasse jedenfalls tat so, als übertriebe ich maßlos. »Na sehen Sie mal! Ihr Mann ist doch noch ganz plietsch und selbstständig.« Immerhin bekamen wir Pflegestufe 1.

Ich beschloss, da von der Krankenkasse keine Unterstützung zu erwarten war, auf eigene Kosten eine polnische Pflegekraft bei uns im Gästezimmer einzuquartieren. Olga, eine rundlich-gemütliche Dame mittleren Alters mit einer wahren Engelsgeduld. Mein Mann war nicht ihr erster dementer Pflegefall. Anfängliche wüste Beschimpfungen vonseiten meines Mannes ließ sie mit stoischer Ruhe über sich ergehen. Liebevoll ging sie auf seine Kindereien ein.

Als Norbert anfing, zum Essen seinen Zahnersatz aus dem Mund zu nehmen, pürierte sie seine Mahlzeiten. Damit er sich nicht von Kopf bis Fuß bekleckerte, band sie ihm ein Lätzchen um, für das sie ein Betttuch durchgeschnitten hatte. Anfangs weigerte sich mein Mann, bei ihr zu bleiben, wenn ich das Haus verließ. Ich fühlte mich immer noch mehr angebunden als mit einem Säugling.

Was das alles mit mir machte, interessierte keinen. Ich verzichtete im Bekanntenkreis natürlich auf drastische Schilderungen der Realität mit der Folge, dass alle stets sagten, er sei doch noch ganz gut zurecht. Waren andere Leute da, verhielt er sich komischerweise meist liebenswürdig. Ich fand, es wurde immer grauenhafter.

Nach einem Jahr, sein Zustand hatte sich noch einmal drastisch verschlechtert, war ich fix und fertig und dachte daran, ihn in Pflege zu geben. Der Mann, den ich einst geliebt, respektiert und für manches bewundert hatte, versank im Tal des Vergessens. Dabei wurde er immer weniger umgänglich. Das war kein würdiger Abgang. Als das Stadium kam, wo er mich nicht mehr als seine Frau erkannte, beschloss ich endgültig, Norbert in einem Pflegeheim anzumelden.

Es tat mir in der Seele weh, was diese Krankheit mit einem Menschen machte. Seinen 70. Geburtstag feierte er in der »Arche«, der Alzheimer-Gruppe im Klarastift. Hier war er umgeben von männlichen und weiblichen Leidensgenossen. Ich brachte ihm seinen Lieblingskuchen, einen Frankfurter Kranz mit. Er nahm gar nicht wahr, dass er Geburtstag hatte. Alle Alzheimer-Patienten saßen um einen großen runden Tisch. Eine Dame zeigte mir stolz ihre Perlenkette, indem sie sich ihres Pullovers und BHs entledigte und mir ihren entblößten Oberkörper und ihre welken Brüste entgegenstreckte. Der Herr neben ihr holte aus und gab ihr eine Backpfeife, was lautes Geschrei zur Folge hatte. Ein Dritter pickte die Krokantbrösel vom Geburtstagskuchen und versenkte sie in seiner Kaffeetasse. Und eine Dame wollte partout zum fünften Mal zur Toilette geschoben werden. Kaum war sie ergebnislos zurück am Tisch, ging alles in die Hose. Das Pflegepersonal hatte meinen vollen Respekt. Nie ein lautes Wort, keine Ungeduld, kein Schimpfen. Selbst mit den ekligsten Situationen wurde gelassen umgegangen.

Ich kam an einen Punkt, wo ich dachte, der Tod sei für uns alle eine Erlösung. Als mein Mann eine Erkältung mit anschließender Lungenentzündung bekam und ins Krankenhaus eingeliefert wurde, hoffte ich für ihn und mich, dass es sein Ende sei. Doch da hatte ich die Rechnung ohne die junge engagierte Ärzteschaft in dem katholischen Hospital gemacht. Mein völlig orientierungsloser, halb toter Mann wurde mit Antibiotika vollgepumpt. Als die Lungenentzündung abklang, stellten wir fest, dass sein Schluckreflex nicht mehr funktionierte. Er konnte tatsächlich nicht mehr schlucken. Also konnte er auch nichts mehr essen. Künstliche Ernährung war das Letzte, was wir wollten. Nun wollten die Ärzte eine Magensonde legen. Ich war entsetzt. »Warum?«, fragte ich. »Mit welchem Ziel? Damit mein Mann weiter im Heim vor sich hinsiecht? Ohne Sinn und Verstand?« Ich konnte es nicht fassen. »Warum darf er nicht sterben?« Ich holte Norberts Patientenverfügung und überreichte sie dem Ärzteteam. »Mein Mann hätte das nie gewollt, dass er so würdelos am Leben gehalten wird.« Eine sehr junge Ärztin sagte: »Sie können doch nicht wollen, dass Ihr Mann stirbt!« – »Doch«, insistierte ich. »Wenn er bei klarem Verstand wäre, würde er Ihnen sagen, dass er das so nicht will.« Es folgte eine volle Woche, in der die Ärzte mit allen Mitteln versuchten, das Leben meines Mannes zu retten. Ich muss wahrheitsgemäß sagen, dass ich froh war, dass ihnen das nicht gelang. Eines frühen Morgens wurde ich von der Stationsschwester angerufen: »Kommen Sie bitte, es geht zu Ende.« Mein Mann war nicht wieder zu Bewusstsein gekommen. Ich war froh, dass er endlich sterben durfte. Für mich war das, ich sage es ehrlich, eine Befreiung.

▶ Die Alzheimer-Krankheit

Die Zahlen sind erschreckend: Rund 1,2 Millionen Menschen in Deutschland leiden an Alzheimer und jährlich werden 200 000 Neuerkrankungen festgestellt. Im Jahr 2030 sollen es sogar schon 2,3 Millionen sein. Die Dunkelziffer liegt noch bei weitem höher. Mit der global steigenden Lebenserwartung erhöht sich auch die Häufigkeit der Krankheit. Die Anzahl der Betroffenen weltweit soll von heute 35 Millionen auf 66 Millionen im Jahr 2030 und geschätzte 115 Millionen 2050 steigen. Die Krankheit tritt vor allem im höheren Alter auf: Nur zwei bis drei Prozent der 70- bis 75-Jährigen sind betroffen, wohingegen jeder Dritte über 90 Jahre an Alzheimer leidet.

Die Alzheimer-Forschung stellt fest: »Alzheimer, die am meisten verbreitete Form der Demenz, führt immer zum Tod.

Es handelt sich um eine fortschreitende, unheilbare Gehirnstörung mit unbekannter Ursache. Die Folge: ein langsames Sterben aller geistigen und körperlichen menschlichen Funktionen. Zu den Symptomen dieser Erkrankung zählen Gedächtnisverlust, Verwirrtheit und Desorientierung. Dazu kommen Veränderungen des Wesens, ein beeinträchtigtes Urteilsvermögen und der Verlust der Sprachfähigkeit. Charakteristisch für die Demenz ist ein Rückgang der intellektuellen Funktionen, der sich bezeichnenderweise im normalen sozialen Umfeld und bei täglichen Aktivitäten zeigt.« (www.alzheimer-forschung.de)

Wer keine Erfahrung mit Alzheimerpatienten hat, hält diese oftmals für harmlos vergessliche alte Menschen. Oft aber führt diese Krankheit auch zu Aggressionen, die nicht selten in körperlichen Übergriffen enden und für Angehörige weder zu bewältigen noch zumutbar sind. Wer unter leichter Vergesslichkeit leidet, wem Namen oder Telefonnummern nicht auf Anhieb einfallen oder unter Gedächtnislücken leidet, muss sich noch keine Sorgen machen. Sie sind Teil des normalen Alterungsprozesses. Ältere Menschen haben eine so riesige Datenmenge auf ihrer »Festplatte«, dass sie schlicht mehr Zeit brauchen, um Neues zu lernen oder sich an Erlerntes zu erinnern.

Heulen erlaubt!

Witwen auf Mittelmeer-Kreuzfahrt

»Heul dich aus, Mädchen«, sagte Irmi aus dem Kohlenpott vor der Sagrada Familia, der größten Kirche in Barcelona, seit hundert Jahren Baustelle und trotzdem schön, und legte den Arm um mich. Beim Anblick dieses Gotteshauses, das aussieht, als sei es gerade einem Fantasy-Roman entsprungen, waren mir plötzlich die Tränen in die Augen geschossen. Hier hatte ich vor drei Jahren mit meinem Mann Hans gestanden. Seine letzte Reise, bevor der Leberkrebs ihn mir genommen hatte. Damals war die Hoffnung noch nicht gestorben.

Die Truppe, mit der ich jetzt in Barcelona unterwegs war, war ein bunt zusammengewürfelter Haufen. Wir hatten nur eins gemeinsam: Wir waren alle Witwen. Ich war durch den Pastor unserer Kirche auf dieses Projekt gestoßen worden. Eine Mittelmeer-Kreuzfahrt auf der MS Astor für hinterbliebene Frauen. Das war's!

Vor der Buchung wurde ich zu einem intensiven Vorgespräch eingeladen. Man wollte wissen, wie gut ich den Tod meines Mannes bereits verarbeitet hatte und ob ich reif dafür sei, neue Eindrücke aufzunehmen. Drei Jahre war Hans tot und ich war durchaus wieder in der Verfassung, Herausforderungen zu begegnen. Ich war neugierig, was das Leben noch zu bieten hatte. Auf meine Frage, wer denn hier abgewiesen werde, antwortete eine Trauerbegleiterin: »Es ist wichtig, dass Sie so viel Abstand haben, dass Sie sich einem neuen Leben öffnen können.« Klar, wer noch pausenlos heult und an nichts anderes denken kann als an den toten Mann, wäre auf einer Kreuzfahrt sicher verkehrt. »Verstehen Sie mich richtig. Es geht nicht darum, dass Sie nicht weinen dürfen, wenn die Erinnerung Sie überkommt. Sie sollten nur so weit sein, dass Ihr Leben weitergehen darf.« Kapiert! Verständlich, wenn man mit einer sowieso schon hochexplosiven Truppe auf Reisen geht.

Ich kann mich nicht mehr an alle Witwen erinnern. Aber an die, die mir guttaten. Irmi aus Recklinghausen im Kohlenpott mit ihrem losen Mundwerk und ihrem großen Herzen, Herta aus Meschede im Sauerland, auch eine Frau mit Herz, Martha aus Berlin, unsere Alternative, und Gesche aus Buxtehude, ihr Mann war Versicherungsmakler gewesen und sie hielt sich als Lehrerin für die Intellektuelle unter uns, was aber weiter nicht störend war. Eingeloggt war die Gruppe in Außenbordkabinen, wahlweise zu zweit, was etwas günstiger war, oder allein.

Herta aus dem Sauerland bekräftigte: »Lass dich nicht stören. Heul Rotz und Wasser. Tut dir bestimmt gut.« Dabei hatte sie selbst Tränen in den Augen. Sie hatte ihren Wilhelm vor vier Jahren zu Grabe getragen. Wilhelm, der beim Schützenfest im Umzug immer den Herold gab. Auf seinem »To-tilas«, einem gescheckten Shire-Horse-Wallach, Stockmaß 1,82 Meter. Wilhelm, mit dem sie drei Kinder hatte und der ein begeisterter Pferdezüchter war. Wilhelm war einem Herz-infarkt erlegen. »Hatte zu viel geraucht und auch oft zu tief ins Glas geguckt.« In einer rührseligen Minute auf dem Son-nendeck hatte sie mir noch unter Tränen anvertraut, dass er Alkoholiker war und seine Bauchspeicheldrüse bis auf zehn Prozent entfernt worden war. »Muss ja nicht jeder wis-sen.« – »Ne, behalt mal schön für dich«, antwortete ich. Sie schwärmte von einer Beerdigung, die sehr würdig und er-greifend gewesen sein soll: »Dat ganze Dorf war dabei!« Wenn Herta erzählte, mussten wir alle heulen. »War datt schön!«

Marthas Mann war Freizeit-Rocker und bei einem Mo-torradunfall mit seiner Kawasaki in einer rutschigen Kurve auf dem jährlichen Biker-Treffen auf der Hohensyburg bei Dortmund zu Tode gekommen. Sie berichtete uns ausführ-lich von der zünftigen Biker-Bestattung. »Achtzig Maschi-nen! Könnt ihr euch nicht vorstellen. War ein richtig guter Abgang. Wie beim Harley-Treffen in Hamburg am Michel. Mit Bon-Jovi-Musik. Hätte Walter das gesehen, wäre er total überwältigt gewesen.« Sie trug an Deck seine Biker-Jacke mit Nieten.

Gesches Mann hatte einen Hirntumor, ein Glioblastom. Das erdrückte nach und nach die Hirnregionen, die man für die Bewältigung eines selbstständigen Lebens braucht. Meh-rere Operationen, Bestrahlungen und Chemotherapien konn-ten den ausweglos tödlichen Hirntumor nicht aufhalten.

Seine Lebenserwartung war auf wenige Monate geschätzt worden. Er hatte Gesche mit Nachdruck verboten, einen Priester an sein Bett zu holen. »Den erschlag ich«, hatte ihr Klaus gedroht. Gesche war tief katholisch und dadurch in einen Zwiespalt geraten. Sie hatte es aber nicht gewagt, seinen letzten Wunsch zu übergehen.

Irgendwann bekam er epileptische Anfälle, sein Sichtfeld bekam Lücken, seine Orientierung ließ nach. Klaus irrte durch die Gänge des Hospizes und fand von der Küche nicht mehr zurück in sein Zimmer, das nur drei Türen weiter war. Sein Zustand machte ihn wohl ausgesprochen unwirsch. Mehr noch, als er sowieso schon war. Dann fing er an, einfach umzufallen. Immer häufiger hatte er Artikulationsprobleme. Als der Tumor begann, sein Sprachzentrum aufzufressen, schrie er vor Verzweiflung und schlug mit letzter Kraft gegen die Wand. Dann konnte er nicht mehr gehen, nicht mehr sprechen und schließlich war er bewegungsunfähig ans Bett gefesselt. Sein Gesicht sei vom Kortison aufgequollen gewesen. »Solange er noch etwas sagen konnte, hat er nur geflucht. Über sein Schicksal und über mich. Er ist zum Schluss richtig fies geworden«, erzählte Gesche immer noch ein bisschen beleidigt. »Blöde Kuh«, hat er mich genannt.

»Einmal, da konnte er noch sprechen, lag er in seinem Hospizbett so still, dass ich dachte, jetzt liegt er im Sterben. Da nahm ich seine Hand und flüsterte, du darfst gehen, Klaus. Was macht er? Reißt die Augen auf und schnauzt, hast du mir schon fünfmal gesagt. Kannst es wohl nicht erwarten.« Daran hatte Gesche schwer zu knabbern. »Das hat mich tief verletzt.« Er soll auch bei klarem Verstand nicht besonders nett gewesen sein. »Manchmal konnte er ein richtiges Ekelpaket sein.«

Das Erbauliche an der bisweilen ziemlich nervigen Witwentruppe war, dass jede wusste, was los war, wenn eine zu schluchzen anfing. Die Momente, wenn eine bestimmte Musik spielt, wenn man einen Geruch von früher in der Nase hat, einen Ort besucht, an dem man zu zweit glücklich war, wenn man von Erinnerungen überflutet wird und losheult, hatten wir alle. Keiner guckte pikiert oder fühlte sich belästigt, wenn wir uns mit roten Augen die Nase schnäuzten.

Morgens nach dem Frühstück hatten wir »Plenum« und jede konnte sagen, was ihr gerade auf der Seele lag. Unsere Ansprechpartnerin war Frau Bode, deren Mann schon vor zehn Jahren verstorben war. Als »Fortgeschrittene« stand sie uns zur Verfügung und sorgte dafür, dass nichts in die falsche Richtung driftete. Nachdem ihr Mann nicht mehr war, hatte sie die gemeinsame Firma übernommen und sich zur Sterbebegleiterin ausbilden lassen. Sie war klein, dick, sehr tough, trug die Haare knallrot gefärbt und angeordnet wie die Stiele auf einer Runkelrübe. Wiedererkennungswert optimal. Ich postete in Gedanken: »Gefällt mir!«

Am frühen Nachmittag legten wir meist an und konnten Städte besichtigen. Geordnet in Gruppen oder auch selbstständig. Martha, Gesche, Herta und ich wollten die Prachtstraße La Rambla, ein Zwitter aus Spazierweg und Fahrbahn, in Barcelona unsicher machen und shoppen gehen. »Müssen wir uns geben«, sagte Gesche, die gern ihren Bildungsstand unter Beweis stellte, und fügte hinzu: »Das wäre wie Paris ohne Champs Élysées oder wie Kopenhagen ohne

Stroeget.« Damit betonte sie indirekt, dass sie mit ihrem Mann weit gereist war.

Natürlich landeten wir in einem der Straßencafés. »Leute gucken«, wie Herta sagte. Obwohl wir alle dasselbe Schicksal teilten, hatte jede einen anderen Background. Zickenkrieg gab es dadurch nicht. Uns allen war bewusst, dass unsere Reise nicht den Zweck verfolgte, beste Freundinnen zu werden, sondern unseren Schicksalsschlag zu verarbeiten.

Herta nahm sich vor, in Zukunft mit ihrer Rente klarzukommen, Gesche überlegte, ob sie beruflich wieder einsteigen sollte, und Martha war ja sowieso Geschäftsfrau geworden. Ich wusste noch nicht, ob ich in Deutschland bleiben oder auswandern sollte. Ein Jugendtraum von mir. Ich überlegte, ob ich mal ein Jahr nach Neuseeland gehen wollte. Ich hatte ja jetzt alle Freiheiten.

»Was hast du eigentlich zuerst gemacht, als Klaus unter der Erde war?«, fragte ich Gesche. »Als Erstes habe ich seine zwei Autos verkauft, damit mein Auto endlich einen Garagenplatz hatte«, erzählte sie pragmatisch. »Ewig musste ich im Winter Eis kratzen. Wie mich das genervt hat!«

»Mich hätte meine Tochter am liebsten sofort wieder verkuppelt. Mit einem Witwer aus unserem Stadtteil, der richtig Kohle und keine Kinder hat. Berechnende Brut!«, erzählte Irmi. »Ja, so wollen sie ihr Gewissen beruhigen«, ergänzte Martha. »Aber es ist ja nicht so, dass wir jetzt Betreuung bräuchten.« – »Ne, ganz gewiss nicht«, tönte Irmi. »Reif für den Rollator sind wir noch nicht.« Wir grinsten. »Ganz schön viele alte Knacker an Bord«, meinte Gesche. »Die haben unten im Schiff eine Dialysestation. Da tanken die auf für den

Tag.« Ich konterte: »Seid nicht so garstig!« – »Oh Gott!«, stöhnte Gesche. »Hast du beim Frühstück den Rollstuhlfahrer mit Vollbart gesehen?« – »Ja, und ich hab auch gesehen, wie der dich angestarrt hat.« »Hihi«, kicherte Irmi jetzt. »Der braucht 'ne Krankenschwester und keine Frau.« – »So isses«, hakte Herta das Thema ab. Ich war froh, dass wir wieder lästern konnten. Das zeigte, dass wir dem Leben wieder zugewandt waren.

»Also ich«, berichtete jetzt Irmi, »ich habe mich geweigert, Schwarz zu tragen. Ich bin in Dunkellila über den Friedhof gezogen. Hätte Hermann so gewollt. Ich habe auch gleich seine ganzen Sachen verschenkt, unser Ehebett rausgeschmissen und die Wände neu streichen lassen.« Irmis Mann war Kettenraucher und nach zwei Schlaganfällen gestorben. »Ich wollte den kalten Rauch nicht mehr riechen.«

Langeweile kam jedenfalls nicht auf. Wir gingen zu »Bauch, Beine, Po« bei Lisa und strampelten uns auf dem Fahrrad im Fitnessraum ab. Ich entdeckte das Laufband für mich. Abends spielte eine Kapelle Jazz und Swing. Wenn Irmi aufstand und anfing, ihren Hintern hin- und herzuwerfen, kam richtig Schwung in die Bude. Plötzlich turnten alle im Saal nach der Musik herum, mehr oder weniger gekonnt, aber voller Begeisterung, mit und ohne Rollator. Die Stimmung war bombig, und selbst der Rollstuhlfahrer zappelte mit Kopf und Händen. Tja, so konnten wir dem Leben wieder etwas abgewinnen. Es ging ja weiter.

▶ Trauerreisen

Fritz Roth war Bestatter und Inhaber der »Privaten Trauer-
akademie« in Bergisch Gladbach. Er revolutionierte die ein-
gefahrenen Bestattungswege und hatte im Jahr 2010 die
Idee, mit dem Veranstalter TUI sogenannte Trauerreisen –
Reisen für Menschen, die ihren Lebenspartner verloren haben –, zu organisieren. Fritz Roth, der mittlerweile selbst
seinem Krebsleiden erlegen ist, erklärte die Idee in einem
Interview mit fem.com: »Die uns angebotenen Reisen sind
keine ›Trauerreisen‹, sondern ganz bewusst ›Reisen ins Leben‹. Sie sind konkret für Personen zusammengestellt, die
einen nahestehenden Menschen verloren haben, und unter-
scheiden sich insofern von einem normalen Gruppenurlaub,
als den Reisenden viel Raum für ihre Verluste gegeben wird.
Wenn ein Trauernder mit einer normalen Gruppe reist, kann
es zu schwierigen Situationen kommen. Zum Beispiel, wenn
irgendwo ein Lied spielt, das Erinnerungen an den Verstorbenen wach werden lässt. Wenn dann Tränen kullern und so
etwas öfter vorkommt, kann es Unverständnis auf Seiten
der Mitreisenden geben. Mit unseren ›Reisen ins Leben‹
möchten wir Trauernden unter Gleichgesinnten eine Chance
geben, ihren Gefühlen freien Lauf zu lassen und das Leben
neu zu entdecken.«

Es gibt unterschiedliche Ziele, etwa in den Süden Europas,
aber auch innerhalb Deutschlands. Die Leiter einer Trauergruppe achten darauf, dass der Tag genug Abwechslung
bietet zwischen Unterhaltung, Ablenkung, aber auch bei
sich sein, Ruhe haben, Gedanken pflegen. Roth nannte das

»Dreiklang aus Lebenssinn, Lebenskultur und Lebenslust«. Wichtige Voraussetzung für die Teilnahme an der »Reise ins Leben« ist allerdings, dass der Trauernde wieder aktiv am Leben teilhaben möchte, er sollte sich einigermaßen gefasst haben, wieder soziale Kontakte pflegen und möglicherweise schon wieder arbeiten. Das ist meist sechs Monate nach dem Verlust der Fall. Ansonsten kann weder der Betroffene selbst die Reise genießen, noch ist es für die anderen Reiseteilnehmer tragbar. (http://www.reise insleben.de) Ähnlich funktioniert das Unternehmen Regen-Bogen-Reisen, gegründet von Irma Heyne-Beuse. (http://www.regen-bogen-reisen.com)

Todesfalle Sofa

Wenn die Polizei kommen muss

Sonntagsmorgens. Im Schlafanzug und noch schlafwarm, die Augen erst halb geöffnet, kam ich halb wach die Wendeltreppe herunter. Ein Blick ins Wohnzimmer. Auf der Couch saß Horst. Ich schnell ins Badezimmer, Zähne putzen, Wasser ins Gesicht. Dabei hatte ich ein saukomisches Gefühl. Irgendetwas stimmte nicht. Bei meiner Rückkehr ins Wohnzimmer wurde mir klar: Horst war tot. Eindeutig. Seine Augen waren geschlossen. Ich rief etwas lauter: »Hey, Horst! Guten Morgen!« Nichts. Ich ging um den Tisch herum zu ihm und gab ihm einen kleinen Stoß an die Schulter. Nichts. Ich sank auf den Sessel gegenüber. Wie fremdbestimmt. »Was tust du mir jetzt eigentlich an? Weißt du, was du mir da gerade antust?« Entsetzt blickte ich auf den regungslosen Horst. Ich starrte ihn an, als ob er dadurch wieder lebendig würde. »Hey, mach die Augen auf!« Machte er nicht. Ein Gefühl wie Blei legte sich auf meine Brust.

Wie ferngesteuert, ohne ein Gefühl, an das ich mich erinnern kann, stand ich wieder auf und fühlte seinen Puls. Nichts.

Ich hielt mein Ohr an seine Nase. Nichts. Er war eindeutig tot. Dann Hilflosigkeit. Was macht man jetzt? Ich rief den Notdienst an. »Mein Mann sitzt tot auf dem Sofa.« – »Woher wissen Sie das?« – »Ich sehe das. Und er hat keinen Puls. Also bitte kein Blaulicht.«

Ich wunderte mich über meine Sachlichkeit. »Bleiben Sie ganz ruhig, wir kommen.« – »Ich bin ganz ruhig! Er ist nur tot!« Zehn Minuten später hatte ich einen Menschenauflauf im Wohnzimmer. Die Rettungssanitäter waren mit lautem Tatütata gekommen, eine Notärztin, ein Polizeiteam und die Kripo suchten mich auf. Ich wurde regelrecht überrannt. Horst wurde mit affenartiger Geschwindigkeit von unserem roten Sofa gezerrt, auf dem Teppichboden ausgestreckt und reanimiert. Schwups hatte die Leiche eine Atemmaske auf dem Gesicht. Sein Oberkörper wurde freigemacht. Ein Sanitäter fing mit Herzdruckmassage an. Natürlich ohne Erfolg.

»Warum machen Sie das?« Ich kam mir vor wie im Film. »Wir müssen das.« Dann versuchte der zweite Rettungssanitäter, mich zu beruhigen. Ich war aber gar nicht aufgeregt. Ich habe perfekt funktioniert.

Dann war die Notärztin am Zug. Sie hörte Horst ab und fühlte seinen Puls. »Kein Messer im Rücken!« Das sagte sie mit Blick auf den Kripobeamten. Ich stieß aus: »Das wird ja richtig spannend hier.« Wiederholt insistierte ich: »Erklären Sie mir das bitte.«

Stattdessen wurde ich ins Kreuzverhör genommen. Wieso, weshalb, warum. Bis ich fragte: »Wollen Sie mir unterstellen, ich hätte ihn um die Ecke gebracht?« – »Wir müssen diese Fragen stellen«, wurde mir bedeutet. Wie ich mich dabei fühlte, schien völlig egal zu sein. Langsam reichte es. Ich war froh, dass die Natur offenbar dafür sorgte, dass ich innerlich Abstand hielt.

Als anschließend ein Streit zwischen der Notärztin und unserem Hausarzt, den ich angerufen hatte und der die Runde nun vollmachte, losbrach, war das Maß voll. Auch er hatte Horst noch einmal eingehend untersucht. »Ich tippe auf Hirnblutung.« – »Ne, eindeutig Herzinfarkt.« – »Nein, Kollegin, Sie irren sich.« – »Egal, dafür brauchen wir keine Pathologie.« – »Ja, lassen wir das.« Ich bin ja kein hysterischer Mensch, aber dies wurde mir jetzt eindeutig zu viel. »Raus!«, rief ich so laut ich konnte. Entgeistert blickten mich alle an. »Ist Ihnen bewusst, wie Sie mit mir umgehen?« Mitleidig sagte ein Rettungssanitäter: »Die Frau hat recht.« Und zu mir gewandt: »Wollen Sie ein Beruhigungsmittel?« – »Nein!«, zischte ich, »ich will nur, dass Sie gehen.«

Horst wurde danach flugs wieder auf unser Sofa gelegt und mit unserer Hundedecke vollständig zugedeckt. Das war mir im Moment egal, die Leute konnten das nicht wissen. Er wurde von unserem Hausarzt, der auf dem Totenschein »natürliche Todesursache« angab, zur Bestattung freigegeben und der Pulk löste sich auf. So schnell wie er gekommen war, endete der Spuk und ich war mit dem zugedeckten Leichnam, der einmal mein Horst gewesen war, allein. Unsere Hunde waren völlig verstört. Hildchen, mein weißer Spitz, hatte sich unterm Tisch in Sicherheit gebracht und Krümel, mein Jack Russell, sprang in höchsten Tönen winselnd an mir hoch. Lady Gaga, mein alter Golden Retriever, schmiegte sich hilfesuchend an mich. Was war ich in dem Moment froh, dass ich die drei hatte.

Der Tag ging als Horrortag in meine Erinnerung ein. Ich stand den ganzen Tag unter Strom. Nach der ersten Fassungslosigkeit und nachdem ich meine Familie verständigt hatte, die in Nordrhein-Westfalen sofort ins Auto sprang und nach Hessen losdüste, sowie seine Exfrau und seine mir nie wohlgesonnene Mutter, die frech sagte: »Das kann nicht sein«, kam Wut.

»Habe ich nicht die ganze Woche gesagt, du sollst zum Arzt gehen?«, schimpfte ich vor mich hin. Typisch Mann. Er hatte die ganze Woche über Mattigkeit und rasende Kopfschmerzen geklagt. Aber er war nicht dazu zu bewegen gewesen, den Doktor aufzusuchen. »Du bist über 18, ich kann dich nicht zwingen. Aber ratsam wäre es, du würdest dich untersuchen lassen.« Ich war zornig gewesen und hatte ein sehr ungutes Gefühl. Und nun hatten wir den Salat. Ich habe mich lange gefragt, ob ein rechtzeitiger Arztbesuch den Schlamassel verhindert hätte.

Natürlich hat man unter normalen Umständen keinen Bestatter in seinem Adressbuch. Ich rief also den aus unserem Ort an, der die aggressivste Werbung machte, was dazu geführt hatte, dass mir der Name geläufig war. Außerdem konnte ich mich erinnern, dass auf der Wagenflotte stand: »Beistand und Hilfe in schwerer Stunde. Rufen Sie uns an.« Die Firma warb mit »Bestattungsfinanzierung. Die letzte Rechnung muss nicht die größte sein«. Es dauerte noch etwa zwei Stunden, dann kamen zwei Männer in dunklen Anzügen und weißen Hemden mit einem Abholsarg. Ich hatte ja noch keinen ausgesucht. Für den nächsten Tag machte ich einen Termin, um alles zu regeln. Wir hatten nie darüber gesprochen, wer wie bestattet werden möchte. Mein Mann war gerade 49 Jahre alt, als er starb. Ich entschloss mich kurzerhand, ohne mit seiner Mutter Rücksprache zu halten, für eine Einäscherung und ein anonymes Begräbnis auf einem Urnenfeld. Natürlich meckerte seine empörte Mutter, ich sei nur zu faul, ein Grab zu pflegen. Aber da hörte ich einfach weg.

Im Sarg hatte ich ihn nicht noch einmal angeschaut. Er trug seinen dunkelblauen Anzug, sein jeansblaues Hemd und seine pinkfarbene Krawatte. Darin sah er immer klasse aus.

Erst nach der Bestattung im engsten Familienkreis kam ich etwas zu mir. Als ich mit meiner Mutti über die Beerdigung sprach, flossen die ersten Tränen. Sie nahm mich in den Arm und sagte: »Ja, weine endlich alles heraus. Das ist gut.« Bis dahin hatte ich einfach wie versteinert funktioniert. Hinterher hatte ich das Bedürfnis, endlich allein zu sein. Meinen eigenen Gedanken nachhängen zu können. In dieser Woche danach war ich sehr ruhig und traurig, aber auch sehr sauer. Ich war voller Wut, dass er so früh gegangen ist. Dass er nicht auf mich gehört hat. Mir fiel auch ein, dass er oft sagte: »Ich werde nicht alt.« Woher wusste er das? Wenn ich nach Hause komme, ist es immer noch komisch, dass keiner da ist. Auch wenn du noch so viele Freunde hast, du bist allein.

Als mein Urlaub vorbei war und ich wieder in die Praxis konnte – ich bin Podologin –, war ich froh. Die tägliche Ablenkung tat mir gut. Auch dass ich meine Hunde hatte, tröstete mich. Am Wochenende entwickelte ich einen regelrechten Fluchtinstinkt und war viel und stundenlang mit meinen drei Hunden unterwegs. Heute sage ich, meine Hunde haben mich gerettet. Wenn ich dann allein in der Natur war, habe ich geweint. Ich habe meinen Schmerz mit mir ausgemacht, habe mich selbst Freunden nicht offenbart oder gejammert. Auf Fragen meiner Umgebung sagte ich immer: »Danke, es geht mir wieder ganz gut.« So wurde das erwartet. Ich hatte schnell bemerkt, dass niemand mit dem Thema Tod umgehen mochte. Tod wird verdrängt, den lässt keiner an sich heran. Und so dachte ich, ehe ich die Leute verschrecke, tu ich einfach, als ginge es mir gut. Manchmal denke ich: »Ich habe hinter mir, was ihr noch vor euch habt.« Wer den Tod nicht kennengelernt hat, hat Angst davor. Ich bin Gott sei Dank ein starker Mensch und kann mein Schicksal tragen.

Das Sofa, auf dem Horst gestorben ist, habe ich auf den Sperrmüll gegeben. Auch die Hundedecke habe ich entsorgt. Aber sonst habe ich nicht viel verändert. Fotos erinnern mich an unsere schönen Urlaube. Meine Freunde sagen manchmal: »Dass du in dieser Wohnung bleiben magst?« Warum sollte ich wegziehen. Nur weil Horst hier gestorben ist? Quatsch. Mit der Zeit gewöhnte ich mich daran, allein zu sein. Gut, wenn man 17 Jahre zusammen war, fehlt natürlich jemand, mit dem du reden kannst. Wir haben immer viel miteinander geredet. Wir hatten uns viel zu sagen. Klar, ich habe meine Hunde, aber die geben keine Antwort. Du kannst sie natürlich vollsülzen, aber sie diskutieren nicht. Eine ziemlich einseitige Angelegenheit.

Langsam komme ich an den Punkt, wo ich sage, es hat auch Vorteile, allein zu sein. Keiner, nach dem ich mich richten muss. Horst wollte beispielsweise immer gute Kleidung an mir sehen. Heute trage ich zu Hause meine »Pupshose« oder meinen Bademantel und keiner hat daran etwas auszusetzen. Ich muss nicht mehr jeden Tag kochen und auch den Haushalt kann ich nach meinen Bedürfnissen erledigen. Mein Mann hat im Haushalt keinen Finger gerührt, obwohl er äußerst pingelig war. Ich bin viel entspannter, was Ordnung angeht. Das war bei uns ein Riesenknackpunkt. Er war sehr eigenwillig und eine seiner schwierigen Eigenschaften war, dass er hochgehen konnte wie ein HB-Männchen. Ich habe zwar eine hohe Schmerzgrenze, aber manchmal wurde es mir zu viel. Er konnte auch tagelang schmollen, was ich sehr anstrengend fand. Ich lernte aber, ihn dann völlig links liegen zu lassen. Die einzige Möglichkeit für mich, damit umzugehen.

Auf der anderen Seite war er ein unglaublich herzlicher Mensch. Dafür liebte ich ihn. Er war ein aufmerksamer und einfühlsamer Zuhörer. Was das angeht, fehlt er mir besonders. Er hatte einen sehr liebenswerten Charakter, unsere Beziehung hat einfach gepasst.

Ich hätte schon gern wieder jemanden an meiner Seite. Ich gehe mit meiner Freundin tanzen und schaue mir die Männer an. Mehr nicht. Ein Freund von Horst sagte neulich: »Wir beide passen doch eigentlich gut zueinander.« Ich habe geantwortet: »Ich werde unsere gute Freundschaft nicht aufs Spiel setzen.« Wenn es schiefgeht, habe ich einen Freund verloren. Ich würde auch nicht mehr so viel akzeptieren, wie ich das bei Horst gemacht habe.

Ein Mann, der meine Hunde nicht mag, kommt auch nicht infrage. Meine Hunde sind mein Ein und Alles. Es wird also schwierig mit einer neuen Beziehung. Zudem habe ich immer noch schubweise Trauerphasen. Je nach Tagesverfassung habe ich nah am Wasser gebaut, und so denke ich: Bleibe lieber allein. Zumal ich das erste Mal in meinem Leben wirklich allein lebe. Ich bin vom Elternhaus gleich in eine Beziehung gerutscht, dann in die nächste und das war schon Horst.

Ich lerne immer mehr, was für mich gut ist, was mir guttut. Kinder hätte ich wohl haben wollen, aber es hat nie gepasst. Irgendwann war der Zug abgefahren. Das ist für mich in Ordnung. Mal sehen, wie es weitergeht.

▶ Polizei und Todesfall

Sogar im Alters- oder Pflegeheim passiert es häufig, dass der Bestatter einen Leichnam erst nach Begutachtung durch die Polizei (Kripo) abholen darf. Dasselbe passiert, wenn zu Hause ein nicht eindeutiger Todesfall auftritt. Die Polizei in Nordrhein-Westfalen hat dazu einen verständlichen Artikel ins Netz gestellt. Denn sehr oft wundern sich Angehörige oder sind sogar schockiert, dass zu ihrem Entsetzen über den Todesfall auch noch die Polizei ins Haus kommt.

Wenn ein Mensch tot aufgefunden wird, greift man zunächst einmal zum Telefon, um den Rettungswagen und einen Notarzt anzurufen. Wenn die Bemühungen des Rettungsteams erfolglos sind, ist der Hausarzt derjenige, der den Tod feststellen und bescheinigen muss. Möglichst auch die Todesursache. Der Notarzt, der in der Regel vor dem Hausarzt da ist und den Verstorbenen nicht kennt, kann zwar die Tatsache, dass jemand tot ist, diagnostizieren, schwerlich jedoch objektiv und schlüssig die Todesursache belegen und begründen. Der Notarzt kommt meistens zu dem Ergebnis:»Todesursache ungeklärt.« Vor allem kann er in Unkenntnis des verstorbenen Menschen, den er vor sich hat, keine natürliche Todesursache aufgrund einer bestimmten Krankheit erklären.

»Nicht natürlich ist jeder Tod aus äußerer Ursache, beispielsweise Tötung, Suizid, Unfall, Intoxikation und auch der Tod im Zusammenhang mit einem ärztlichen Eingriff, unabhängig von der Frage, ob es sich um eine Komplikation oder um eine fehlerhafte Behandlung handelt. Für die Entscheidung ›nicht-natürlicher Todesfall‹ reichen Anhaltspunkte aus. Bei unklarer Todesursache oder Differentialdiagnosen, die entweder einem natürlichen oder einem nicht-natürlichen Tod entsprechen würden, wird die Todesart in der Regel als ungeklärt angegeben. Bei nicht-natürlicher und ungeklärter Todesart ist zeitnah die Polizei zu verständigen.« (http://www.polizei.nrw.de/viersen/artikel__3533.html)

Die Polizei muss dann durch Feststellungen am Fundort, Befragungen von Zeugen, Angehörigen und behandelnden Ärzten und weiteren Ermittlungen die Umstände des Todes aufklären. Deren Ergebnis wird der Staatsanwaltschaft vorgelegt, die in Zweifelsfällen eine Obduktion anordnen kann. Dass die Polizei hinzugezogen werden muss, kommt bundesweit etwa bei 250 Todesfällen (ohne Verkehrsunfälle) pro Jahr vor. Etwa ein Zehntel davon sind Suizide, etwa fünf

Prozent sind Todesfälle anderer nicht natürlicher Art, wie beispielsweise Intoxikation. Allerdings liegt ein Fremdverschulden im Todesfall sehr selten vor, bzw. kommt zumindest sehr selten ans Tageslicht.

Ruhestand? Nix für mich!

Neue Herausforderung wagen und ins Ausland gehen

Meine Kinder und ich beschlossen, wir tun ihn zu Oma ins Grab. Da hätte er sicher nichts dagegen gehabt. Mit seiner Mutter konnte er immer gut. Mein Mann Helmut starb unerwartet. Deshalb hatte er uns auch nicht gesagt, wie er beerdigt werden wollte. Eigentlich ist er ins Krankenhaus gegangen, um sich drei Bypässe legen zu lassen. Das ist ja heute Routine. Aber seine Operationsnarbe ging nicht zu und wurde von Bakterien befallen. In der Lunge sammelte sich Wasser an, und er bekam so schlecht Luft, dass er eine Sauerstoffmaske tragen musste. Es ging ihm von Tag zu Tag schlechter, doch wir wurden von den Ärzten immer wieder beruhigt, dass die Probleme in den Griff zu bekommen seien. Er war auch bis zum Schluss geistig voll da. Ich war jeden Tag bei ihm im Krankenhaus.

Sein Tod kam plötzlich und unerwartet. Nachts. Gegen Morgen wurde ich angerufen: »Ihr Mann ist heute Nacht verstorben.« Ich hatte bis zum letzten Tag geglaubt, er käme wieder nach Hause. Helmut war ja erst 72 Jahre alt und immer gesund. Wir waren beide noch fit und hatten noch viel vor. Wir wollten reisen und andere Länder und Kontinente kennenlernen. Darauf freuten wir uns. Sein plötzlicher Tod war ein Schock für mich und machte mich sehr traurig.

Dadurch, dass wir beide einen guten Job hatten, konnten wir finanziell immer ein sorgenfreies Leben führen. Das Einzige, was mich an ihm gestört hat, war, dass mein Mann keinen Finger im Haushalt rührte und auch noch sehr unordentlich war. Alles musste ich ihm hinterherräumen. Das war unser einziger Streitpunkt. Ansonsten zogen wir an einem Strang und verstanden uns gut. Wir führten eine gute Ehe.

An seine Beerdigung kann ich mich ganz genau erinnern. Es war ein herrlicher Oktobertag und ich flatterte aufgeregt auf dem Friedhof herum. Alle sagten erstaunt: »Du siehst aber gut aus.« Ich war nach Helmuts Tod in einem solchen Organisationsrausch, dass ich gar nicht zum Trauern kam. Ja, so war ich am Anfang meines letzten Lebensdrittels mit 66 Jahren – meine Mutter wurde immerhin 96 Jahre alt – allein. Ich war schon sehr geknickt und enttäuscht, dass wir unsere gemeinsamen Träume nicht mehr verwirklichen konnten. Das hatte er sich so bestimmt nicht vorgestellt. Es hat mich zunächst gelähmt. Wenn man Jahrzehnte alles gemeinsam geplant und gemacht hat und plötzlich allein da steht, ist das gelinde ausgedrückt sehr ungewohnt.

Nun bin ich nicht der Mensch, der sich so schnell aus der Bahn werfen lässt. Ich war immerhin versorgt mit einer guten Rente. Aber Ruhestand war nichts für mich, das war mir gleich klar. Die Opferrolle war auch nicht mein Ding. Ich hatte in meinem Leben eher die Zügel in der Hand. Was das Leben bis dahin für mich bereitgehalten hatte, konnte für mich nicht alles gewesen sein. Ich war immer sehr tough. Ich sage, was ich denke, rede nicht um den heißen Brei herum und stehe mit beiden Beinen auf der Erde. Ich bin auch sehr unternehmungslustig, probiere gerne Neues aus und habe keine Scheu, unbekanntes Terrain zu erobern. So jung im Reihenhaus mit Kaffeeklatsch und Rentnertreff alt zu werden, wäre mir zu langweilig gewesen.

In meiner Generation gehörte ich sowieso zu den Ausnahmen, weil ich studiert hatte und mein Leben lang berufstätig gewesen war, trotz meiner beiden Kinder. »Rabenmutter«, musste ich mir manchmal anhören. Ich war der Meinung, man absolviert kein Studium, um dann Hausfrau und Mutter zu werden. In meinen Augen ist das Verschwendung von Ressourcen. Ich war schon sehr früh für Nachhaltigkeit. Außerdem liebte ich meinen Beruf als Ingenieurin. Ich antwortete dann immer: »Glückliche Kinder brauchen glückliche Mütter.« Da war ich meinen Freundinnen ein Stück voraus.

Ich bin immer ein neugieriger Mensch gewesen. Für Kinder und Mann hatte ich schon einige Wünsche zurückgestellt. Aber die Kinder waren erwachsen und führten ihr eigenes Leben. Zwar war ich im Dorf und in einem sehr netten Freundeskreis gut aufgehoben, aber eigentlich hatte ich noch mehr aus meinem Leben machen wollen. Und daran änderte auch der Tod meines Mannes nichts. Meine beiden Kinder haben mich sehr unterstützt. »Mami, dein Leben ist jetzt nicht zu Ende, weil Papa tot ist. Mach alles, wozu du Lust hast.« Sie stärkten mir sehr den Rücken.

Eines Tages las ich in der *Zeit* einen Artikel über eine »Granny Au-pair«, die für ein halbes Jahr nach Australien gegangen war, um dort die Kinder eines Unternehmerpaares zu hüten. Der Artikel sprach mich sofort an. Die Dame schwärmte davon, wie bereichert sie sich fühlte, wie nett ihre Gastfamilie war und wie sie es genoss, auf diese Weise Australien kennenzulernen. Ich bin ein Mensch, der nicht lange fackelt, und machte mich sofort übers Internet schlau. Zumal ich immer die jungen Leute beneidet hatte, die selbstverständlich noch während ihrer Schulzeit oder nach dem Studium ein Auslandsjahr nahmen. Auch unsere Kinder hatten das gemacht. Meine Tochter war in Kentucky und mein Sohn in Kapstadt gewesen. In meiner Schulzeit gab es das nicht. Diese unerfüllte Sehnsucht hatte mich immer begleitet, aber solange ich Mann und Kinder zu versorgen hatte, blieb das ein Traum. Doch was konnte mich jetzt noch bremsen? Dass ich ausgerechnet zu dieser Zeit über den Artikel stolperte, empfand ich als glückliche Fügung. Warum sollte ich mich also jetzt nicht auf so ein Abenteuer einlassen?

Ich googelte weitere Berichte und las Sätze wie: »Nach sechs Monaten Tansania war ich ein bisschen von mir selbst und meinem Mut beeindruckt.« Eine andere schrieb: »In Indien habe ich in einem Jahr mehr erlebt als in meinem ganzen vorherigen Leben.« Das sprang mich förmlich an. Alle Damen hatten sich von der Hamburger Agentur »Granny Aupair« vermitteln lassen. Das wollte ich auch! Ich nahm Kontakt auf.

Pauschalreisen in ferne Länder fand ich schon immer doof. Kreuzfahrten waren mir zu langweilig. Rein in den Bus, raus aus dem Bus, rein ins Schiff, raus aus dem Schiff, dazwischen rumliegen und futtern, ne ... Da lernt man Land und Leute nur am Rande kennen. Ich habe mich stets ins volle Leben gestürzt. Mein Traum: Ich wollte immer schon einmal nach Südkorea. Ich wollte Seoul kennenlernen, die Stadt, von der viele so schwärmten. Das war mir bisher zu kostspielig gewesen. Wenn ich bei einer Gastfamilie unterkäme, würde mich das nur den Flug und ein Taschengeld kosten. Logis und Verpflegung waren frei. Ich glaube an Fügung. Wenn das Universum es für einen vorsieht, öffnen sich Türen. Siehe da: Es gab tatsächlich eine deutsch-koreanische Familie, die für ein halbes Jahr, in dem die deutsche Mutter eines Sohnes nach Deutschland gehen wollte, um dort ihre todkranke Mutter zu begleiten, eine Bezugsperson für ihr zwölfjähriges Kind suchte. Ihr koreanischer Ehemann, Manager eines internationalen Konzerns, war beruflich sehr eingespannt und hatte keine Zeit, für den Sohn Son zu sorgen. Also sollte ein Au-pair her, möglichst nicht mehr so jung. Damit konnte ich dienen. Die deutsche Mutter legte großen Wert darauf, dass der Sohn konsequent zweisprachig aufwuchs und auch die deutsche Kultur kennenlernte. In der Millionenmetropole Seoul, wo die Familie lebte, waren die Eltern nicht fündig geworden. Vermittler war die Hamburger Agentur.

Da es eilte, begann ich sofort mit den Vorbereitungen, nahm per E-Mail Kontakt zu Vater und Sohn auf, schaute mir die Wohn- und Lebensverhältnisse im Internet an und hatte grundsätzlich ein gutes Gefühl. Die Familie schien sehr gut situiert zu sein. Mein Zimmer sah auf dem Bildschirm sehr gemütlich und geschmackvoll eingerichtet aus. In einer Mail schrieb mir der kleine Son, dass er Bayern-München-Fan sei. So brachte ich ihm als Gastgeschenk natürlich ein entsprechendes Trikot mit. Wir skypten auch, wobei ich feststellte, dass der koreanische Ehemann ein gutes Englisch mit koreanischem Akzent (»konglisch«, sagen die Koreaner) und auch etwas Deutsch sprach und sehr höflich war. Er kam sympathisch rüber, und denselben Eindruck musste ich ja auch vermittelt haben. Offensichtlich war die Familie erleichtert, dass ich so schnell abkömmlich und bereit war. Gott, wie aufregend das alles war. Vor lauter Eile kamen auch keine Zweifel auf, zumal meine eigenen Kinder, die ihre unternehmungslustige Mutter nur zu gut kannten, mir pausenlos Mut machten: »Mensch Mutti, toll, dass du das machst. Papa wäre stolz auf dich.« Sie glaubten, dass ich so den Tod meines Mannes am besten verwinden könnte. Ich war mir sicher, dass auch mein Helmut mir gut zureden würde. Ich hatte an seinem Grab noch Zwiesprache mit ihm gehalten und mich verabschiedet.

Nun ist ja bekannt, dass sich die koreanische Kultur von der unsrigen sehr unterscheidet und man leicht in allerlei Fettnäpfchen treten kann. Ich hatte mir einige Internetseiten ausgedruckt, die ich während des zehnstündigen Fluges ins 8500 Kilometer entfernte Seoul studierte. Was mich sehr beruhigte, war, dass die Stadt quasi keine Kriminalitätsrate hat. Seoul gilt als eine der sichersten Großstädte der Welt. Ich las, man könne sich unbesorgt in der ganzen Stadt bewegen. Die Stadt mit ihren 9,8 Millionen Einwohnern (im Ballungsraum der Metropolregion sind es fast 24 Millionen) verfügt über ein ausgezeichnet ausgebautes U-Bahn-Netz mit englischer Beschriftung, sodass man sich kaum vertun kann. Es gibt reichlich öffentliche Toiletten, die sehr sauber gehalten werden. So vermeintlich unbedeutende Dinge können für jemanden, der sich wie ich allein auf den Weg in eine fremde Kultur macht, sehr wichtig sein. Unbedingt besuchen wollte ich das Gangnam-Viertel, nach dem der Hit Gangnam-Style des südkoreanischen Rappers Psy benannt ist, den ich übrigens witzig finde. Den Tanz habe ich vor dem Spiegel für mich allein geübt, bekomme ihn aber natürlich nicht so schwungvoll hin.

Ich freute mich, als ich las, dass Wandern in Korea Volkssport ist. Seoul ist von Bergen umgeben. Von vielen Höhen aus hat man einen wunderbaren Blick auf die Skyline. Einige Hügel liegen direkt in Seoul. Die Küche Südkoreas ist bekannt für ihre Qualität und ich muss im Nachhinein sagen, ich fand vieles äußerst köstlich, nur oft zu scharf. Ich las: »Niemals die Stäbchen im Reis stecken lassen – das gilt als unhöflich.« Hm. Kann ja leicht mal passieren, wenn man das nicht weiß. Man überreicht sich im Übrigen Visitenkarten. Keine zu haben gilt als schlampig und auch die Tiefe der Verbeugung bei der Begrüßung ist wichtig, drückt sie doch Wertschätzung aus.

Mein koreanischer Gastgeber holte mich persönlich am Flughafen ab. Es stellte sich heraus, dass er selbst einige Jahre in München gelebt hatte und unsere Kultur recht gut kannte. Er beruhigte mich, dass gebildete Menschen die Etikette nicht allzu wörtlich nahmen, wenn man aus dem Ausland kam, und berichtete, dass er deshalb eine ältere Dame als

Au-pair vorzog, weil sein Junge eher eine mütterliche Person brauchte und weniger eine Spielgefährtin. Er komme langsam in die Pubertät und da brauche er auch ab und zu eine Respektsperson. Ich sah im Geist meinen Helmut im Himmel grinsen, denn für meine Kinder war ich nicht unbedingt eine Respektsperson, sondern eher die Mutti, die sie nach Strich und Faden um den Finger wickelten.

Die Mutter seiner Frau liege im Sterben und seine Frau wolle sie gern begleiten, wofür er volles Verständnis hatte. Ich muss sagen, zu Son hatte ich gleich einen guten Draht. Vor allem weil ich ihm ein Bayern-München-Trikot mitgebracht hatte. Und ich hatte ihm versprochen, wenn er etwas älter sei und ich zurück in Deutschland, dass ich ihn einlade und mit ihm ein Spiel besuchen würde. So hatte ich den Kleinen, der ein pfiffiges Kerlchen war, schnell auf meiner Seite. Tagsüber besuchte er eine Internationale Schule und wenn ich ihn geweckt, ihm sein Frühstück vorbereitet, seine Schulbrote geschmiert und ihn zur Schule begleitet hatte, hatte ich frei. Für den Haushalt gab es Personal.

Die freie Zeit nutzte ich, um mir das Stadtzentrum anzuschauen. Ich vertiefte mich mit Hilfe meiner Bücher in die Geschichte und Kultur, das Goryeo-Reich und die Yi-Dynastie. Natürlich besichtigte ich den Changdeokgung-Palast und das koreanische Nationalmuseum. Während meines Aufenthaltes drohte der nordkoreanische Diktator Kim Jong-un immer wieder mit Krieg. Dass er nicht davor zurückschreckte, seinen alten Onkel Chang zu entmachten und hinrichten zu lassen, schockierte mich sehr. Auch vor dessen anderen Familienmitgliedern machte er nicht halt. Das empfand ich geradezu als barbarisch. Die Fernsehbilder gingen mir lange nicht aus dem Kopf. Auch die Südkoreaner waren entsetzt und schüttelten sorgenvoll ihre Köpfe.

Nach vier Monaten war Sons deutsche Oma gestorben und die Frau des Hauses kam zurück. Eine sehr sympathische, humorvolle und unkonventionelle Frau. Wir mochten uns auf Anhieb. Sie bot mir an, noch die vereinbarten zwei Monate zu bleiben, sie wolle mir mehr über Land und Leute vermitteln. Das nahm ich gerne an. Sie zeigte mir die unterschiedlichen Märkte, ich lernte viel über Ginseng-Medikamente, auf die die Koreaner schwören.

Sie lud mich ein, mit ihr einen Klub deutscher Frauen zu besuchen, ein Stück Heimat im Ausland für mich. Die Frau eines koreanischen Journalisten nahm mich häufig in ihrem Auto mit und stellte mich ihren koreanischen Freundinnen vor, die auch in Deutschland gelebt hatten und deutsch sprachen. Wir besuchten den Kyongbok-Palast mit seinem prachtvollen Thronsaal. Im hippen Myeong-dong-Viertel mit seinen angesagten Boutiquen gingen wir shoppen. Es gilt als das Modemekka Südkoreas. Schön fand ich, dass die Läden klein und überschaubar sind. Und sehr individuell. So bekam ich zu Gesicht, was ich bei einer Pauschalreise nie gesehen hätte. In diesem bizarren Gemisch aus Hightech und Tradition, aus Wolkenkratzern, traditionellen Tempeln und historischen Palästen, aus alt und ultramodern, fremdartig und vertraut brauchte ich jemanden, der mich ab und zu an die Hand nahm. Das machten die Damen wunderbar.

Das halbe Jahr ging so schnell vorbei. Die Herausforderung anzunehmen war eine Riesenbereicherung für mich.

Es war richtig, zu sagen, jetzt oder nie. Ich hätte zwar sehr gern auch mit Helmut noch einiges unternommen. Aber dass er nicht mehr ist, verurteilt mich nicht dazu, ein langweilig-geruhsames Rentnerdasein zu führen. Da hatten meine Kinder völlig recht. Außerdem weiß ich, dass Helmut es bejaht hätte. Meine Kinder beglückwünschten mich nach meiner Rückkehr. »Hast du toll gemacht, Mutti.« Ich besuchte natürlich sofort Helmuts Grab und erzählte ihm von meinen Erlebnissen. Und ich glaubte, seine Stimme zu hören: »Mach's noch einmal, Liebling.« Dabei sah ich ihn vor meinem inneren Auge grinsen. Tja, Südafrika fehlt mir noch in meiner Sammlung, wer weiß. Ich bin jedenfalls voller Tatendrang.

▶ Granny Au-pair

Längst wissen Altersforscher, dass ältere Menschen Lust auf neue Erfahrungen haben, Lust auf Dinge, die sie noch nie getan haben. Unser biologisches Alter ist viel jünger als die gezählten Jahre. Auch mit 60, 70 oder 80 Jahren entwickelt der Mensch sich noch weiter. Durch neue Herausforderungen entstehen im Gehirn neue Synapsen, die uns länger aktiv und lebendig halten. Zudem wurde inzwischen mit Vorurteilen übers Alter und Beschränkungen durch das Alter aufgeräumt und immer mehr Menschen wollen die Freiheit nutzen, die sie durch das Ende des Berufslebens, die inzwischen erwachsenen Kinder, die beendete Ehe oder den Verlust des Partners gewonnen haben.

Granny Au-pair ist ein Ausstieg auf Zeit. Sie begeben sich drei, sechs oder auch zwölf Monate in ein fremdes Land, werden von einer Gastfamilie beherbergt und im Gegenzug übernehmen sie die Aufgabe, sich um die Kinder, um kranke Familienmitglieder oder auch eine hilfsbedürftige Oma oder den einsamen Opa zu kümmern. Eine Granny Au-pair ist keine klassische Babysitterin, eher eine Art Begleitung oder Gesellschaftsdame. Das bedeutet, sie lebt zwar allein in der Fremde, hat aber doch die Bindung zur Gastfamilie.

Eine Granny Au-pair kann sich auch in sozialen Projekten engagieren. Sicher ist es immer ein Abenteuer. Man tauscht die Sicherheit des Zuhauses in der Heimat für eine absehbare Zeit mit dem Gefühl von Freiheit und Abenteuer. Land, Leute, Sprache und Kulturkreis sind fremd. Aber das ist mit einer ordentlichen Portion Zuversicht, Offenheit und Neugier durchaus zu meistern. Die Welt steht einem in jedem Alter offen, wenn man sich nützlich machen will.

So wird der Ausstieg auf Zeit ein Erfolg:

- *Habe ich den Mut, mein Leben für einen überschaubaren Zeitraum radikal zu ändern?*
- *Bin ich offen für neue Situationen und Menschen, die ganz anders sind als ich?*
- *Halte ich es aus, wenn, wie in Ländern Südeuropas, Afrikas und Asiens, viele Menschen unter einem Dach und für unsere Verhältnisse sehr beengt wohnen?*
- *Kann ich ein Stück persönliche Freiheit vorübergehend aufgeben und mich anpassen?*

- *Bin ich mental und körperlich in der Lage, meine Komfortzone für eine Weile aufzugeben?*
- *Bin ich bereit, Herausforderungen anzunehmen?*

Wer diese Fragen mit Ja beantwortet, dazu noch alles, was im Vorfeld zu klären ist – wie die Unterbringung, die Arbeitszeit und die Freizeit –, besprochen hat, kann sich getrost auf den Weg machen. Kontakt: www.Granny-Aupair.com

Es gab nur Fritz

Die Kriegsgeneration tickt anders

Um zu verstehen, dass für mich nie wieder ein Mann infrage kam, nachdem Fritz mit 52 Jahren den Freitod gewählt hatte, muss man meine Geschichte kennen. Ich bin Kriegskind. Am 29. März 1929, einem Karfreitag, im eisig verschneiten Ostpreußen im Dörfchen Kreywehlen in der ostpreußischen Elchniederung geboren. Es war zwar Frühling, aber der raue Wind trieb noch die Flocken vor sich her. Eiszapfen hingen an den Ästen der Bäume. Die Ufer des Flüsschens Angerapp waren mit dünnen Schollen übersät.

Meine Kindheit verlebte ich auf dem Bauernhof. Wir hielten Kühe, Pferde, Hühner und Gänse. Ich liebte besonders unsere Katzen und unseren Hofhund Schudel. Kindheit und Jugend in Ostpreußen habe ich als sehr glücklich in Erinnerung. Ich mochte unser Landleben. Früh um fünf Uhr sind wir aufgestanden. Zuerst ging es in den Stall. Kühe melken – mit der Hand. Ausmisten, Rüben hacken, Getreide binden. Ich habe alles gelernt: Honig schleudern, Brot backen, Käse machen.

Als ich 15 wurde, war diese harmonische schöne Zeit ganz plötzlich zu Ende. 1944 wurde ich noch auf der Handelsschule angenommen, doch in einer Sommernacht wurde Insterburg bombardiert. Ich sah von ferne die Phosphorbomben, die wie brennende Christbäume vom Himmel regneten. Am nächsten Morgen lagen der Bahnhof, die Kaserne, das Lebensmittellager und viele Wohnhäuser in Trümmern. Anfang August 1944 stand eine gewaltige Übermacht der Russen an der ostpreußischen Grenze, jeden Augenblick bereit, die deutsche Front einzudrücken.

An dem Tag, als meine Mutter kriegsverpflichtet wurde, um die Toten zu registrieren und Gräber zuzuweisen, war meine unbeschwerte Kindheit vorbei. Ich war mit gleichaltrigen Jugendlichen beim Bauern zur Kartoffelernte, als wir in der Ferne die Russen schießen hörten. Der Bauer rief nur noch: »Es wird brenzlig, Kinder! Haut ab! Rettet euch!« Alle hatten längst von den Gräueltaten der Russen an der Zivilbevölkerung gehört und hatten Angst. Wir wussten, dass die Frauen auf furchtbare Weise vergewaltigt wurden. Viele von ihnen kamen dem durch Suizid zuvor. Zu groß war die Angst.

Meine beiden Brüder waren bereits als Soldaten an der Front. Mein Vater arbeitete als Bauarbeiter im Straßenbau irgendwo in Russland. Und nun hieß es im Dorf: »Die Russen kommen.« In meiner kindlichen Naivität wusste ich nicht, was Krieg bedeutet. Bald kam meine Mutter, weinte und sagte: »Wir müssen fliehen. Beeil dich.« Jede von uns packte zwei Koffer und einen Rucksack. Wir schlossen die Haustür hinter uns ab und bekamen einen Platz im Zug nach Mohrungen. Da geschah das Unbegreifliche. Meine Mutter wurde von den Soldaten herausgepickt und zurück nach Insterburg geschickt, wo sie in Kriegsgefangenschaft kam. Und dort erlebte sie tatsächlich, dass die Russen keine Frau ungeschoren davonkommen ließen. Es muss furchtbar gewesen sein.

Mit meinen 15 Jahren war ich von jetzt auf gleich völlig auf mich gestellt. Ich erfuhr zum ersten Mal, was Einsamkeit, Angst und Hunger bedeuteten. Wo sollte ich hin? Jemand sagte: »Wir müssen nach Danzig. Dort geht ein Schiff nach Schweden – die Gustloff!« Ich machte mich mit einem Treck auf den Weg. Mutterseelenallein. Als wir am 30. Januar 1945 endlich in Gotenhafen ankamen, sahen wir das Flüchtlingsschiff in der Ferne draußen auf dem Meer. Ich war zu spät und verzweifelte. Mit Tausenden anderen Flüchtlingen stand ich am Kai und weinte bitterlich. Alle weinten. Jeder wollte nur weg. Zu grausam waren die Berichte über die Untaten der Russen, die sich in Ostpreußen austobten.

Glück im Unglück, gibt es das? Die Wilhelm Gustloff jedenfalls wurde von Torpedos getroffen und sank in weniger als einer Stunde. Von den mehr als 10 000 Menschen an Bord konnten nur 1239 gerettet werden. Tja, hätte ich das Schiff noch erreicht, wer weiß?

Mit einem Flüchtlingspulk zog ich weiter Richtung Westen. Ich wollte versuchen, zu meiner Schwester Edith nach Erfurt zu gelangen. Die Sachen aus dem Koffer tauschte ich nach und nach gegen Lebensmittel, Brot, Kartoffeln, Wurzeln und hatte bald nur noch meinen Rucksack auf dem Buckel. Mein Überlebenswille war mächtig.

Es war der grauenhafteste Winter meines Lebens. Minus 20 Grad. Ausgehungert, mit verlausten Haaren stand ich auf

Bahndämmen und sprang auf Züge auf. Ich habe mich rücksichtslos zwischen all die ebenso hungrigen und verzweifelten Menschen gequetscht. Ich erlebte Dramen.

Einmal stieß ich auf eine schreiende Mutter, die mit ihrem Neugeborenen im Arm einen Platz im Zug ergattert hatte. Als der Zug abgefahren war und sie es stillen wollte, stellte sie fest: man hatte ihr in der Eile das falsche Kind in den Arm gedrückt. Nun war es zu spät.

Entlang der Bahndämme lagen tote Pferde mit aufgerissenen Mäulern. Ihre leeren Augenhöhlen starrten in den trostlosen Wolkenhimmel. Kadaver von Kühen und Schweinen lagen zwischen toten Menschen. Immer wieder musste der Zug anhalten, weil er von den Russen beschossen wurde. Während wir Deckung entlang der Bahngleise suchten, gebar eine Mutter Zwillinge. Sie starb während der Geburt und fror in ihrem Blut samt ihren Säuglingen im Schnee fest. Auch die Säuglinge starben schnell. Die Fahrt ging weiter und keiner konnte sich Zeit nehmen, die Leichen zu begraben.

Immer wieder Fliegeralarm. Wir stürzten alle aus den Waggons, hockten uns in die Gräben und wurden von oben beschossen. Dass ich diese Flucht überlebt habe, ist ein Wunder. Als ich es nach vier Monaten endlich bis Erfurt geschafft hatte, besaß ich nur noch die stinkenden Kleider und die verschmutzten zerlöcherten Schuhe, die ich am Leib trug. Bei meiner Schwester nahm ich erst einmal ein Bad – es war das schönste meines Lebens.

Ich war in Sicherheit und bekam sogar ziemlich schnell Arbeit auf der Kinderstation im Marienstift in Erfurt. Ich putzte, fütterte die Babys und half in der Küche. Und musste

das auf der Flucht Erlebte verarbeiten. Zerfetzte Körper, Blut-
fontänen, Todesschreie, die Hölle auf Erden. Man sprach nicht
darüber, aber jeder hatte seine eigenen inneren Bilder in
sich eingeschlossen. Ich hatte schreckliche Albträume. Doch
meine Arbeit gab mir den Tag vor. Rhythmus gibt Struktur,
und Struktur braucht der, der überleben will. Heute würde
man mich als möglicherweise traumatisiert behandeln. Damals musste jeder selbst damit klarkommen, wie er mit den
Grausamkeiten und den Erinnerungen, den Schreckensbil-
dern fertig wurde, ohne seelisch zugrunde zu gehen.

Im November 1950 lernte ich meinen Mann Fritz kennen.
Er hatte seine eigenen Kriegserlebnisse und war der erste
und einzige Mensch, mit dem ich mich darüber austauschen
konnte und wollte.

Er erhielt seine militärische Grundausbildung als Maschi-
nengewehr-Schütze. Als 19-Jähriger mit dem Rang »Schütze«
im 9. Infanterieregiment 46, unterstellt der 30. Infanteriedivi-
sion, erlebte er während des Russlandfeldzuges seinen ersten
Einsatz. 1941 wurde die Division nach Insterburg in Ostpreußen verlegt. Ohne es zu wissen, lebten wir also in unmittel-
barer Nachbarschaft. Am 22. Juni 1941 begann der »Ostfeld-
zug«. Der Vormarsch führte durch Litauen und Lettland,
dann Vorstoß bis in den Raum Opotchka und auf die be-
rüchtigten Waldai-Höhen. Das grausame Halbfinale erlebte
Fritz im Kessel von Demjansk.

Drei Verwundungen, Schussverletzungen, die aber Gott
sei Dank vollständig ausheilten, und die Last grauenhafter
Erinnerungen trug Fritz bei sich. Eine seiner Verwundungen war ein Schuss, der durch sein rechtes Handgelenk und

sein Becken ging. »Scharfschützen«, meinte er, »beim Laden des MGs!« Der Begriff »Unterarm- und Beckenschuss« ging unserem Sohn später so geläufig über die Lippen wie »Lattenschuss« oder »Dribbelkönig«.

Ein Erlebnis traumatisierte ihn in hohem Maß. Als Fritz auf einer Decke liegend im Unterstand ein Nickerchen zu machen versuchte, verschüttete ihn ein Artillerievolltreffer. Nur zwei Finger seiner linken Hand ragten nach dem Granateinschlag noch aus dem umgepflügten Erdreich.

Kameraden gruben Fritz wieder aus, und die Decke, auf der er lag, war mit Splittern gespickt. Ein Wunder, dass er das unverletzt überlebt hat. Zwischen seinen Verwundungen nahm Fritz an Sonderausbildungen teil, wie zum Beispiel an einem Kochlehrgang, der uns später, als wir unser Restaurant eröffneten, natürlich nützte. Aber auch ich konnte kochen, hatte ich das doch von der Pike auf gelernt. Danach ging es für Fritz erst einmal wieder zurück an die Front.

Als wir uns trafen, wollten wir nur noch vergessen und uns ein friedliches Leben aufbauen. Die Kriegserlebnisse verbanden uns und wir verstanden einander, weil wir Ähnliches durchgemacht hatten. Fritz wurde Fußballer, er war unglaublich talentiert und wir verliebten uns. Nachdem ich sehr schnell schwanger wurde, heirateten wir 1951. Mein Mann ließ mich die Schrecken des Krieges endlich vergessen. Er war ein liebenswürdiger, freundlicher, verständnisvoller Mann, unkompliziert und fröhlich. Er hatte Mutterwitz und konnte einen ganzen Saal allein unterhalten. Ein Mann, der überall und von jedem gemocht wurde. Er hatte viele gute Freunde und war als Landesligaspieler für Eintracht Arnstadt im Umkreis bekannt wie ein bunter Hund.

Ich fühlte mich bei ihm beschützt und geborgen, etwas, das ich lange Zeit vermisst habe. Und ich war so stolz auf meinen Mann. Der Begriff »Emanzipation« war damals noch nicht bekannt, aber wir führten eine Ehe auf Augenhöhe. Gleichberechtigt und vorbildlich. Alles wurde bei uns gemeinsam besprochen und entschieden. Wenn wir einmal stritten, waren wir spätestens vor dem Einschlafen wieder versöhnt. Mein Mann sagte immer: »Lass uns nicht böse ins Bett gehen.« Dann gab er mir ein Küsschen, und alles war gut.

Er brachte die Sonne zurück in mein Leben. Er sorgte gut für unsere kleine Familie. Wir waren nicht in der Partei, aber weil Fritz ein guter Fußballer war, bekamen wir keine Schwierigkeiten. Wir bauten uns eine sichere Existenz auf und ich erlebte eine sehr glückliche Ehe.

Die endete so abrupt, wie sie begonnen hatte. Mein Mann wurde nur 52 Jahre alt. Bei ihm war Kehlkopfkrebs diagnostiziert worden. Wir hatten seinen schrecklichen Husten einfach nicht ernst genommen. Dabei sah ich sehr wohl, wie stark er in den letzten acht Wochen vor seinem Tod abgenommen hatte. Damals wusste man noch nicht so viel über Krebs wie heute. Mein Mann verharmloste seine Krankheit und so machte ich mir auch keine großen Sorgen. Allerdings konnte ich kochen, was ich wollte, mein Mann hatte keinen Appetit mehr. Er sagte: »Alles schmeckt bitter, egal was es ist.« Dass mein Mann sterben würde, damit hatte ich nicht gerechnet.

Dann kam der Tag, an dem Fritz sich auf den Weg machte, um Getränke zu holen. Er kam nicht wieder. Ich wartete und wartete. Rief im Getränkemarkt an: »Ist Fritz noch da?« – »Der war heute gar nicht hier.« Schließlich kam der Hauswirt, von dem wir eine Gaststätte gepachtet hatten, und sagte: »Du, der Fritz ist tot.« Ich dachte, ich hätte mich verhört. »Wie? Das kann nicht sein. Der war doch bis eben hier.« – »Fritz hat den Gashahn aufgedreht. Er hat sich umgebracht.« Sofort machte ich mich auf den Weg zu unserer Gaststätte. Dort fand ich ihn zusammengesunken auf einem Stuhl, den Kopf auf seine Arme auf dem Tisch gebettet. Er hatte sorgfältig den Strom abgestellt. Bei seinem Anblick fiel ich in eine Schockstarre.

Unser Arzt kam und stellte den Tod ohne Fremdeinwirkung durch Gasvergiftung fest. »Hat er Ihnen nichts gesagt?« – »Mir? Was denn?« – »Dass der Kehlkopfkrebs einen schlimmen Tod bedeutet?« – »Nein, er hat mir das nicht gesagt.« Sein Arzt berichtete mir noch, dass Metastasen auch den Magen befallen hätten. Und dass Fritz den Krebs nicht überlebt hätte. »Ihr Mann hätte einen künstlichen Mageneingang haben müssen und eine Membrane, um sprechen zu können. Er hätte eine Blechstimme bekommen.« Mein Mann, der immer der Letzte auf dem Tanzboden war, hatte wohl solche Angst vor Siechtum und Qual, dass er es vorgezogen hatte, zu gehen.

Sein Tod traf mich wie ein Hammerschlag. Wir waren seit unserer Hochzeit 30 Jahre lang nie getrennt. Wir lebten von morgens bis abends und von abends bis morgens zusammen. Haben gearbeitet, gefeiert, gelacht und alles intensiv miteinander geteilt. Fritz war im wahrsten Sinne des Wortes meine bessere Hälfte.

Zu seiner Beerdigung kamen überwältigend viele Menschen. Die erste Zeit funktionierte ich wie fremdbestimmt. Ich kam mir vor wie eine Marionette. Mit Anfang 50 Witwe. Unfassbar. Es hat lange gedauert, bis ich begriffen hatte, dass es so war. Verkraftet habe ich das bis heute nicht. Es vergeht kein Tag, an dem ich nicht an ihn denke. Ich war auch eine Weile zornig, dass er sich mir nie anvertraut hatte. Dass er mich mit Gaststätte und Kind alleingelassen hatte.

Ich hätte andere Männer haben können. Ich habe es nach einiger Zeit auch versucht. Es ging nicht. Später, als eine Nachbarin an Kehlkopfkrebs elendiglich zugrunde gegangen ist, habe ich es ein bisschen verstanden. Er wollte wohl uns und auch sich vor so einem Ende bewahren. Aber er hätte es mir sagen müssen. Meinen Mann will ich nicht vergessen. Ich bin jetzt 80 und habe nie wieder einen getroffen, der es mit meinem Mann hätte aufnehmen können. Lieber bewahre ich Fritz in meinem Herzen und bleibe allein. Vielleicht treffen wir uns im Himmel wieder.

▶ Die traumatisierte Kriegsgeneration

Wenn Väter oder die vielfach inzwischen verstorbenen Großväter vom Zweiten Weltkrieg berichteten und erzählten, welche Gräuel und Grausamkeiten sie zu der Zeit erlebt und ausgehalten haben, schauderte es einen. Die Nachkriegsgenerationen können sich nicht vorstellen, was die Kriegsgeneration mitgemacht hat und nie richtig verarbeiten konnte. Die meisten Menschen, die diese Gräuel erlebt haben, erzählten nichts oder wenig darüber. Sie haben verdrängt und diese Dinge, die sich tief in die Seelen eingegraben haben, ihr Leben lang mit sich herumgetragen. Viele von ihnen hätten eine Trauma-Therapie gebraucht.

Obwohl der Zweite Weltkrieg nun schon seit fast 70 Jahren vorbei ist, leiden immer noch viele alte Menschen aufgrund ihrer schrecklichen Erinnerungen und Erlebnisse an psychischen Störungen. Insgesamt sind in Deutschland ein bis drei Prozent der Bevölkerung von PTBS (posttraumatische Belastungsstörung) betroffen, so die aktuellen Zahlen des Ärzteblatts. Während es bei unter 60 Jahre alten Menschen 1,3–1,9 Prozent seien, zeigten immerhin 3,4 Prozent der über 60-Jährigen dieses Krankheitsbild. (http://www.aerzteblatt.de/archiv/156421/Posttraumatische-Belastungsstoerung-eine-diagnostische-und-therapeutische-Herausforderung?src=search). Bei einer Studie der Universität Leipzig in Kooperation mit der Universität Zürich kam heraus, dass rund 60 Prozent der über 75-Jährigen ein traumatisches Erlebnis während des Krieges gehabt haben. (http://www.spiegel.de/wissenschaft/mensch/psychologie-kriegsgeneration-bis-heute-traumatisiert-a-554159.html)

»Flashbacks« nennt man es heute, wenn Traumatisierte bei bestimmten Geräuschen, Gerüchen oder Déjà-vu-Erlebnissen zusammenzucken, von Panikattacken heimgesucht werden oder auch Albträume haben. Die unverarbeiteten Ereignisse wirken bis ins hohe Alter hinein und nicht wenige alte Menschen, die im Sterben liegen, machen diese Reise kurz vor ihrem Tod noch einmal durch.

Heute wissen Ärzte, die sich damit befassen, dass bestimmte Symptome wie Schlafstörungen und Panikattacken oder auch übermäßige Schuldgefühle nicht etwa – wie häufig fälschlich diagnostiziert – Depressionen sind, sondern PTBS, hervorgerufen durch nie verarbeitete Kriegserlebnisse.

Bloß keinen tattrigen Gockel

Alte Witwe sucht jungen Freund

Jetzt will ich einen jüngeren Mann. So wie die alten tattrigen Witwer um mich herum, alte Gockel, denen Haare aus den Ohren wachsen, auch was Junges wollen. Mindestens zwanzig Jahre jünger oder mehr. Ich bin 68 Jahre alt und für mich käme dann ein fast 90-Jähriger infrage. Nee, danke. Bis ich das so selbstbewusst sagen konnte, hat es lange gedauert.

Dass mein Mann, der beste, den ich haben konnte, so plötzlich vor mir ging, war das Schmerzhafteste, was ich erlebt habe. In meinem Lebensplan war immer ich es, die vor ihm gehen würde. Ich war diejenige, die öfter krank war, die empfindlich war, die von Migräne und anderen Schmerzen geplagt wurde. Ich hatte auch schon Herzbeschwerden. Mein Mann war der Robuste. Er war für mich da, war fürsorglich, nahm mir alles ab. Die Rollen waren so selbstverständlich verteilt. Immer war er derjenige, der mir beigestanden hat, nicht umgekehrt.

Es fing damit an, dass er beim Spazierengehen ein Bein nachzog. Das ging in ein ständiges Stolpern über. Er, der begeisterte Segler, hatte plötzlich keine Lust mehr, segeln zu gehen. Dann konnte er keinen Koffer mehr schleppen, seine geliebte Gartenarbeit konnte er auch nicht mehr machen. Er wurde zusehends schlapp. Es ging kein Weg daran vorbei, er musste zum Arzt. Das hatte er lange hinausgezögert, indem er sagte: »So ist das wohl, wenn man alt wird.«

Die Diagnose: Nierentumor. Heilungschance zwei Prozent. Unser Arzt sagte wahrheitsgemäß: »Da ist nichts mehr zu machen.« Das glaubte ich nicht. Das konnte doch nicht sein. Mein stets vor Gesundheit strotzender Mann. Dem Tode geweiht. »Da holen wir aber eine zweite Meinung ein«, sagte ich spontan. »Das ist Ihr gutes Recht«, sagte unser Arzt, den wir schon seit 27 Jahren hatten.

An der Diagnose war nicht zu rütteln. Aber die Hoffnung stirbt ja bekanntlich zuletzt. »Dann bin ich jetzt dran.« Ich nahm meinen Mann in den Arm und bekam einen richtigen Powerschub, weil nun ich für ihn da sein musste. Mein Mann hat noch einige Wochen gelebt, in denen er mehr und mehr abbaute. Während ich am liebsten alles wissen wollte über Tod und Sterben, hat mein Mann jedes Gespräch darüber abgeblockt. Er hat sich aufgebäumt gegen sein Schicksal.

Obwohl er bereits im Krankenhaus und bettlägerig war, stand er dauernd auf, blieb aber nicht stehen. Wie oft ist er umgefallen! Sein Körper hatte Schürfwunden und blaue Flecken. Man montierte schließlich ein Gitter an sein Bett und drohte: »Wenn Sie nicht liegen bleiben, müssen wir Sie fixieren.« Er schaute mich bitterböse an und schnaubte: »Das verzeihe ich dir nie!« Es war wie ein Stich ins Herz.

Früher konnten wir über alles reden. Seit er Krebs hatte, nicht mehr. Er war ein Meister im Verdrängen. Ich bekniete unseren Arzt, es mit noch einer Bestrahlung und noch einer Chemo zu versuchen. Doch der Arzt sah mich an, schüttelte nur den Kopf und sagte leise zu mir: »Es hat keinen Sinn, ihn weiter zu behandeln. Es verlängert nur die Qual.«

Er bekam dann Morphium. Er konnte schon seit Wochen keine Nahrung mehr verdauen und übergab sich trotzdem ständig. Er magerte ab, der Bauch schwoll aber unglaublich an. Ich fragte mich immer, woran wir merken würden, dass es zu Ende geht. Mein Mann wollte unbedingt noch einmal nach Hause. Aber da bekam er so grausame Schmerzanfälle, dass er schrie und wimmerte. Seine letzten vier Tage verbrachte er im Hospiz. Das hatte ich ihm aber nicht gesagt. Ich hatte behauptet, es ginge ins Krankenhaus. Ich hatte mir ein Bett in sein Zimmer stellen lassen, weil ich bis zum Schluss bei ihm sein wollte. Solange die Schmerzmittel wirkten, hatten wir noch einige innige Momente. Das Gespräch allerdings verweigerte er mir. Das ist er mir schuldig geblieben.

In der Nacht vor seinem Tod bekam er sehr starke Bauchschmerzen. Ich lief in Panik auf den Flur und rief laut: »Morphium, Morphium!« Als die Schwester kam, schrie ich: »So viel es geht, rein damit.« Ich war in Panik, hielt seine Qualen nicht mehr aus. Es war wohl multiples Organversagen. Leber- und Nierenversagen. Keine Chance.

Der Hospiz-Arzt informierte mich einfühlsam, dass er in den nächsten Stunden sterben werde. Erst da habe ich realisiert, dass er mich tatsächlich verlassen wird. Ich setzte mich an sein Bett und legte meine Hand auf seine. Nach einer weiteren Dosis Schmerzmittel war er schon halb in einer anderen Welt. So fühlte es sich für mich an. Plötzlich zog er seine Hand unter meiner weg, riss die Augen auf, sah mich noch einmal intensiv und zärtlich an und flüsterte: »Ich liebe dich!« Ich antwortete tränenerstickt: »Ich bleibe bis zum Schluss bei dir. Ich lasse dich nicht allein.« Er holte Atem mit langen Unterbrechungen und dann war er fort. Erschüttert und ergriffen blieb ich an seinem Bett sitzen und hielt noch Stunden seine Hand. Mir liefen unaufhaltsam die Tränen über mein Gesicht. Ich hätte ewig so sitzen bleiben können. Es war herzzerreißend. Mein Mann, tot. Diese Augenblicke des Sterbens, wie die Seele seinen Körper verließ und dieses Gefühl, er ist für mich nie wieder erreichbar, werde ich nie verwinden. Eine Mitarbeiterin kam irgendwann leise herein, erfasste die Situation sofort und sagte mit gedämpfter Stimme: »Sie können so lange bleiben, wie Sie wollen.« Dann schloss sie die Tür wieder. Ich weiß nicht mehr, wie lange ich noch seine Hand gehalten habe und um ihn geweint habe.

Später wurde mir klar, dass ich unsere Kinder benachrichtigen musste. Die Worte auszusprechen hat mich unbändige Kraft und Überwindung gekostet: »Papa ist tot.« So ein Satz. Schrecklich. Ich fiel in ein tiefes, tiefes Loch.

Es kamen viele hilflose Kommentare, die ich aufgenommen habe, aber anfangs nicht nachempfinden konnte. »Man sollte in diesem Falle den Tod als echte Erlösung sehen, der den geliebten, gesunden Geist von einem kranken Körper befreit.« Was sollte mir das sagen? Sollte mich das trösten? Mich hat es nicht getröstet. Oder: »Er ist friedlich eingeschlafen. Er hat nicht gelitten.« Und wie wir beide gelitten haben. Das waren so lieb gemeinte Sätze von Menschen, die dem Tod so, wie ich ihn erlebt habe, noch nie begegnet sind. Ich war unerreichbar für Worte. Aber ich merkte auch, dass Menschen mit Tod nicht umgehen können. Dass sie am liebsten schnell das Thema wechseln.

Meine Kinder haben die Bestattung organisiert. Unser Enkel verstand nicht, dass es nicht eine so lange Leiter gibt, dass er Opa im Himmel besuchen kann. »Wenn Opa im Himmel ist, können wir da doch mal hochsteigen.« Das rührt mich noch heute. Am Grab war ich so verwirrt, dass mir jemand eine Blume in die Hand drücken und eine Schaufel Sand reichen musste. Ich hatte den brennenden Wunsch, mit ihm zu gehen. Es bedrückte mich zutiefst, dass er mir ein letztes Gespräch verweigert hatte. Es lief alles wie ein Film vor mir ab. Ich habe so viele Tränen vergossen. Ich entwickelte ganz neue Empfindlichkeiten. Konnte keine Krimis mehr lesen, schaltete weg, wenn in den Nachrichten etwas über Tod kam. Nach der Beerdigung zog ich mich komplett zurück. Ich verkaufte unsere Eigentumswohnung, gab sofort seine Kleidung weg und zog zunächst in ein Hotel. Ich hätte niemals in unserem Schlafzimmer schlafen können. Ich hätte ihn immer gesehen und sein Rufen gehört. Die Erinnerung hätte ich nicht ertragen. Ich entschied mich sehr schnell für eine neue Wohnung. Ich brauchte eine komplett neue Umgebung. Ganz in Weiß. Ganz nach meinem Geschmack. Mein Mann mochte keine Wohnungen, die in Weiß gehalten waren. Ich brauchte den kompletten Neustart. Auch mit den ganzen Möbeln. Ich habe das genauso umgesetzt, wie ich das wollte. Das hat mir geholfen, mein Leben neu zu ordnen. Ich meldete mich in einem Fitnessstudio an, kaufte mir einen PC und besuchte einen Computerkurs.

Zum Grab konnte ich in der ersten Zeit nicht gehen, da überfluteten mich die Tränen. Ich weinte so viel, dass meine Tochter nach einigen Wochen vorschlug, ich sollte eine Therapie machen oder wenigstens eine Trauergruppe besuchen. Ich war ein Mal in einer Trauergruppe, aber für mich war das nichts. Ich konnte schon immer gut allein sein. Ich wollte mit meinen Schmerzen in Ruhe gelassen werden. Mein zweites Enkelkind, meine Tochter bekam es ein halbes Jahr nach dem Tod meines Mannes, ist ein ganz besonderes Kind. Da habe ich gedacht, der liebe Gott hat mir meinen Mann genommen und dafür dieses Enkelkind geschenkt. Wir haben eine einzigartige Verbindung miteinander. Meine Enkelkinder nehme ich gern, wenn die Eltern einmal allein Urlaub machen wollen.

Als ich wieder unter Menschen ging, sah ich zunächst nur Paare, was mir schmerzhaft bewusst machte, dass mir der Partner fehlte. Ich fühlte mich grenzenlos allein. Das war der Zeitpunkt, an dem ich die Außenwelt langsam wieder wahrnehmen konnte. Aber ich war mir sicher, dass ich nie wieder jemanden kennenlernen würde, den ich mag. Zu meiner Freundin sagte ich: »So einen Guten kriege ich nie wieder.« Sie antwortete: »Du lässt ja auch keinen an dich heran.« Damit lag sie richtig.

Meine Tochter hatte, nachdem ich ein ganzes Jahr getrauert hatte, den Versuch gemacht, mich mit einem wohlhabenden Witwer zu verkuppeln. Das hatte sie gut gemeint, ging aber total in die Hose. Der war nett, kein Zweifel, aber 82! Alt! Nee, das wollte ich nicht.

Nach einem weiteren Jahr etwa besuchte ich ein Konzert. Und da saß er neben mir. Ein gut aussehender Mann so Anfang, Mitte 50. Wir taxierten uns gegenseitig. Er sprach mich an. In der Pause tranken wir ein Glas Sekt und kamen ins Gespräch. Nach dem Konzert gab er mir seine Karte. »Darf ich Sie mal anrufen und zum Essen einladen?« Ich wunderte mich über mich selber, dass ich ihm meine Telefonnummer gab.

Er rief drei Tage später an und sprach auf meinen Anrufbeantworter: »Hier spricht der Typ, der Sie im Konzert angebaggert hat.« Ich musste gleich lachen. Fand ich angenehm salopp. Beim Essen stellte es sich heraus, dass er ein aufmerksamer Gesprächspartner war. Er sei beruflich in Stuttgart, lebe in München. Wir trafen uns mehrmals, bis ich feststellte, dass ich Schmetterlinge im Bauch hatte. Was ich ihm hoch anrechnete, war, dass er nicht gleich versucht hat, mit mir ins Bett zu gehen. Wir ließen uns viel Zeit mit dem Näherkommen. Es stellte sich heraus, dass er 54 Jahre alt war, also genau das Alter, das ich wollte. Was ich nie für möglich gehalten hatte, passierte. Ich bekam noch einmal einen sehr liebenswerten Partner. Ganz anders als mein Mann. Aber nicht weniger positiv für mich. Einen jüngeren Partner fand ich viel erfrischender als einen alten. Und witzig ist: Ich habe graue Haare, er noch nicht. Andere bemerken das manchmal, uns stört es nicht.

▶ Jüngerer Mann und ältere Frau

Heute gibt es keine Norm mehr, die besagt, wie alt eine Frau und ein Mann in der Partnerschaft sein sollten. Das kommt ganz auf die Lebensphase und die jeweiligen Bedürfnisse an. Dass alte Männer sich junge Partnerinnen suchen, kennt man seit eh und je. Umgekehrt ist es heute an der Tagesordnung, dass ein jüngerer Mann sich in eine ältere Frau verliebt und eine Partnerschaft mit ihr eingeht.

Psychologen sind sich einig, dass die Bedeutung des Alters für eine Beziehung überschätzt wird. Wichtiger ist das Gefühl der Stimmigkeit und dass die beiden sich voneinander angezogen fühlen. Frauen sind heute oft bis ins höhere Alter hinein sehr begehrenswert. Es ist übrigens nicht nur für die ältere Frau ein Kompliment, einen jüngeren Partner zu haben. Es kann auch für einen Mann in jüngeren Jahren ein Kompliment sein, dass sich eine attraktive gestandene Frau für ihn interessiert. Dass selbstbewusste, reife Frauen jüngere Männer mögen, gab es schon immer.

Die Anziehungskraft beruhe auf Gegenseitigkeit. Das ist das Ergebnis einer Umfrage im Auftrag der Versicherung »AXE« mit dem Thema: Junge Männer bewundern erfahrene Frauen. (http://www.presseportal.de/pm/12269/2565113/aktuelle-axe-umfrage-es-knistert-zwischen-jungen-maennern-und-erfahrenen-frauen-bild)

Generell spielt nach der Befragung das Alter für eine große Mehrheit der Frauen (78 Prozent) und der jungen Männer (61 Prozent) tatsächlich keine Rolle. Allerdings war 2011 nur bei einem von zehntausend Ehepaaren die Frau um die sechzig und der Mann um die vierzig. Reizvoll an älteren Frauen sind laut Studie viele Faktoren. 58 Prozent der befragten Männer geben an, dass sie durch ältere Frauen Zugang zu einer neuen Welt finden und ihren Horizont erweitern.

Frauen über 50, die Karriere gemacht und Kinder bekommen haben, haben ein völlig anderes Beuteschema als in jungen Jahren, wo es noch galt, einen Mann zu finden, um eine Familie zu gründen und sich eine Existenz aufzubauen. Im Alter kann man sich unabhängig von diesen Zielen ausschließlich an seinen Bedürfnissen nach Attraktivität, Humor, Gesprächsthemen, gemeinsamen Hobbys und Interessen orientieren. Frauen in dem Alter wissen, was sie vom Sex erwarten, und sagen es auch. Sie kennen ihren Körper und ihre Vorlieben. Vor allem aber die Frauen selbst faszinieren: Erotisch, so 59 Prozent der befragten Männer, ist ihr selbstbewusster Umgang mit ihrem Körper. Auch ihr Humor (50 Prozent) und wenn sie die Initiative ergreifen (45 Prozent). (a.a.O.)

Die Befragung ging nicht nur davon aus, was eine ältere Frau mitbringen muss, um einen jüngeren Mann zu faszinieren. Sie fragte auch danach, was ein jüngerer Mann an Qualitäten haben muss, damit sie sich für ihn interessiert. 89 Prozent der Frauen erwarten laut Studie einen guten Gesprächspartner, 78 Prozent einen Mann mit Humor und jede Zweite geht gern mit einem Gentleman aus. Viele Männer würde ein Flirt mit einer älteren Frau zwar reizen, sie sind sich aber unsicher im Auftreten gegenüber älteren Frauen, und 30 Prozent denken, sie hätten gar keine Chance.

Wir trieben es im Krankenhausbett

Tabuthema Sex mit einem Todkranken

Als ich mit 31 Jahren Witwe wurde, war ich genau 73 Tage verheiratet. Bei uns währte nichts über einen längeren Zeitraum. Alles ging schnell. Heute denke ich rückblickend, gut, dass es so war. Hätten wir gezögert, hätten wir viel verpasst. Es war Anziehung auf den ersten Blick. Beidseitig. Wir lernten uns bei einer Freundin kennen und sofort setzte dieses Gefühl ein: »Wow! Der ist es!« So wie man sich Liebe auf den ersten Blick vorstellt. Am nächsten Abend gingen wir ins Kino, und als er im Dunkeln seinen Arm um mich legte, fühlte es sich nicht nur sofort richtig an, es knallte regelrecht. Alles an mir reagierte. Meine Brustwarzen stellten sich unter seiner Berührung auf, mein Unterleib zog sich zusammen und ich wurde feucht. Wir sahen uns den Film nicht zu Ende an. Ich weiß heute nicht einmal mehr, wie der Film hieß. Wie verabredet standen wir beide auf. Kurze Frage: Zu dir oder zu mir? Okay, zu mir. Wir landeten, ohne viel voneinander zu wissen, im Bett. Unsere Körper hatten sich gefunden und der Sex mit Barry war wundervoll, scharf, zärtlich, hart und einfach umwerfend. So etwas hatte ich noch nie erlebt.

Unsere Gier aufeinander, das Prickeln, die Schmetterlinge hörten nie auf. Dabei war uns nur etwas mehr als ein Jahr gegönnt. Das wussten wir natürlich nicht. In unserer kurzen intensiven Beziehung überwog die Körperlichkeit. Wir vögelten, wann immer wir dazu kamen. Danach schliefen wir verschwitzt und verkeilt ineinander ein. Wenn wir erwachten, ging es weiter. Wir haben uns hemmungslos genossen. Es war anfangs nur Sex, aber wir kamen uns auch sehr nah. Wir liebten uns intensiv und hatten das Gefühl, einander zu verstehen und immer mehr zusammenzugehören. Im Gleichklang zu ticken. Mein Mann war nicht nur unglaublich sexy, er wurde zur Konstante in meinem Leben. Er gab mir inneren Halt vom ersten Tag an, an dem wir uns geküsst haben. Wir liebten uns von ganzem Herzen. Sex kann schöner nicht sein, als wenn man sich dazu bedingungslos liebt. Nach vier Monaten auf Wolke sieben machte er mir einen Heiratsantrag. Wir heirateten ganz für uns. Ohne Trauzeugen. Es war eine Sache ausschließlich zwischen uns beiden und wir wollten uns von keinem reinreden lassen, so nach dem Motto: Ist das nicht viel zu früh? Lernt euch doch erst mal richtig kennen. Es war richtig so.

Zwei Monate später machte ein Arzt Barry darauf aufmerksam, dass er an der Stirn ein Muttermal habe, das er untersuchen lassen sollte. Es war schwarzer Hautkrebs. Der bösartigste, den es gibt. Wir waren zu Tode erschrocken. Ein Wettlauf mit dem Tod begann. Operation, Chemotherapie und Bestrahlung im Wechsel. Dazwischen Erholungsphasen.

Im Angesicht des möglichen, aber noch nicht gewissen Todes wurde unser Sex noch intensiver. Mit dem Wissen, dass es irgendwann vorbei sein könnte, klammerten sich unsere Körper noch mehr ineinander. Wir verschmolzen. Wir wollten uns nie wieder loslassen. Es wurde verzweifelt schön. Die Lust und die Erfüllung schien uns noch enger aneinanderzubinden.

Wir taten uns gut mit Worten und mit unseren Körpern. Mit unseren Zärtlichkeiten, mit unseren Liebkosungen. Es war wie ein Festhalten des anderen. Ein Nicht-loslassen-Wollen. Niemals. Wir hatten sogar im Krankenhaus Sex. Auch nach den Bestrahlungen und nach den Chemos. Es gab uns Lebensmut, unsere innige Lust aufeinander auszuleben. Es hat uns beide gestützt. Trotzdem waren die Metastasen nicht zu verhindern. Sie wanderten und ließen sich nicht aufhalten. Wir klammerten uns aneinander, wann und wo wir konnten, aber wir konnten dem Krebs keinen Einhalt gebieten.

Der Körper meines Mannes veränderte sich. Kennengelernt hatte ich ihn schlank, mit muskulösem, braun gebranntem Oberkörper. Sein Körper war stark und fest. Die Krankheit ließ seine Muskeln schwinden. Er wurde dünn und schwach. Ich registrierte es, aber es machte mir nichts aus. Unserer körperlichen Nähe tat das keinen Abbruch. Ich liebte ihn auch weich und zart. Auch verletzlich. Solange Barry mit mir schlafen konnte, war er psychisch stabil. Als er erste Erektionsstörungen an sich bemerkte, ging es auch seelisch bergab. Er verlor sein Selbstwertgefühl. Ich glaube, da wurde ihm der Ernst seiner Lage so richtig bewusst. Für Männer ist ja ihre Männlichkeit ein Symbol für Attraktivität und Selbstbewusstsein. Er fühlte sich zusehends unattraktiv. Er litt unter seiner Schwäche. Mir war das egal, ich war auch mit unseren zärtlichen Berührungen zufrieden. Mein Mann hatte geschickte Hände und kannte meine erogenen Zonen. Er brachte mich auch ohne eine Erektion zum Orgasmus. Mir kam es auf den Orgasmus gar nicht so sehr an. Viel wichtiger fand ich seine Nähe. Seine Haut zu spüren. Da konnte ich ihn aber nicht trösten. Es folgte eine Phase, da klappte es und dann wieder nicht. Wenn mein Mann keine Erektion hatte, fiel er sichtbar in sich zusammen. Er zog sich körperlich mehr und mehr zurück. Das blieb zwischen uns unausgesprochen. Er wollte nicht darüber reden. Für ihn war Sex ohne Erektion und Ejakulation nur zweite Wahl. Das wollte er nicht. Er empfand sich als Versager.

Während seine Überlebenschancen rapide schwanden, begann ich innerlich zu zerbrechen. Jede Woche schien Barry nun um Jahre zu altern. Die Metastasen wanderten über Lymphe, Leber, Nieren bis in den Kopf. Immer noch schmiegte ich mich unter der Bettdecke an ihn und streichelte ihn überall. Loslassen konnte ich ihn auf keinen Fall. Nicht körperlich und schon gar nicht in meiner Vorstellung. An dem Tag, an dem er starb, hatte ich am wenigsten damit gerechnet. Weil nach einer Talfahrt auch immer wieder ein kleines Bergauf kam. Wir wollten zum Check-up ins Krankenhaus fahren, Blutwerte testen. Wenn er verwirrt war, wusste ich, dass es an den Thrombozyten lag, deren Wert zu niedrig war. In der Regel half eine Bluttransfusion.

Es ging ihm an dem Tag nach kurzer Zeit sehr viel schlechter. Sein Blick wurde trüb, er fixierte nichts mehr und fing an zu lallen. Am Krankenhaus organisierte ich in aller Eile einen Rollstuhl und rannte los, um Hilfe zu holen. Wir schoben seinen schlaffen Körper mit vereinten Kräften in den Fahrstuhl, der uns in den dritten Stock auf die Krebsstation brachte. Mein Mann war inzwischen ins Koma gefallen, ich heulte und schrie von Panik erfasst herum. Als Barry in meinen Armen starb, dachte ich zuerst, das schaffe ich nicht, das ertrage ich nicht. Ich wollte mit ihm sterben. Es bleibt einem aber gar nichts übrig, als es zu überleben. Selbst wenn man zuerst zusammenbricht und nicht weiterleben möchte in so einem Moment. Das Leben geht weiter, ob man will oder nicht. Selbst wenn man noch gar nicht bereit dafür ist.

Meine Überlebensstrategie waren – das ist sicher ungewöhnlich und erst recht tabu – One-Night-Stands. Ich stürzte mich ins reine Sexleben hinein. Natürlich wusste ich, dass es nie so sein würde wie mit Barry. Und meine Bettgefährten ahnten nicht, dass unter meiner Bettdecke immer der Geist meines Mannes zugegen war. Wirklich kennenlernen wollte ich keinen von ihnen. Mein Mann war und ist immer da.

Schon drei Monate nach seiner Beerdigung, ich war immer noch wie paralysiert und untröstlich, ging ich mit dem ersten Mann ins Bett. Ich habe weiß Gott nicht versucht, meinen Liebsten durch andere zu ersetzen. Die Bettgenossen für eine Nacht waren ein Mittel zum Zweck, zur fühlbaren Körperlichkeit. Der Sex war überhaupt nicht zu vergleichen. Es war einfach nur ein Akt. Ohne Erfüllung. Nicht körperlich und schon gar nicht für meine Seele. Ich habe die Männer benutzt. Ich war auch nicht wild auf den Sex. Es ging mir dabei nicht um Vergnügen. Konnte es gar nicht. Dafür hatte ich meinen Mann viel zu sehr geliebt. Dabei war mir auch wurscht, ob ich einen Orgasmus hatte. Den hatte ich bei meinem Mann immer. Vor allem wenn er meine Klitoris mit seiner Zunge liebkoste. Das sollte gar kein anderer tun.

Ich tat das, weil ich vor Schmerz und Einsamkeit fast verging. Weil mir jemand Komplimente machen sollte, damit ich mich besser fühlte. Weil ich mich annähernd normal fühlen wollte. Weil ich überhaupt etwas fühlen wollte. Ich dachte, ich könnte die große Leere überbrücken. Natürlich brachte mir das nichts außer Ablenkung und mit der Zeit spürte ich, wie fad das war im Vergleich zu meinem Mann. Manchmal konnte ich für einen Moment vergessen. Wurde für kurze Zeit von meinen Erinnerungen abgelenkt. Aber mit einem gebrochenen Herzen ist es schwierig zu vergessen. Ich hielt nur eine Fassade aufrecht. Wieder allein weinte ich hemmungslos. Es dauerte volle zwei Jahre, ehe ich wieder einigermaßen »normal« funktionierte. Meine verzweifelte Liebe ist geblieben. Die wird nie vergehen. Wenn man seinen Mann in solch einer Situation wieder verliert – gerade gefunden und schon vergangen –, dann heilt die Zeit keine Wunden. Mein Mann ist für mich makellos geblieben. Ich habe nie eine Beziehungskrise mit ihm durchlebt, ihn nie so gut kennengelernt, dass ich seine dunklen Seiten entdeckt hätte. Wir hatten nie Auseinandersetzungen, waren nie unterschiedlicher Meinung. Wir hatten Höhen und Tiefen, den Alltag nie miteinander geteilt. Dafür hatten wir gar keine Zeit.

Aber irgendwann konnte ich aufhören zu denken, was wäre heute, wenn … Natürlich bleibt mein Mann der beste Mann der Welt für mich. Weil wir ja nie in die Situation der

Entzauberung gekommen waren. Er war und bleibt perfekt. Er war und bleibt der Schönste und Beste. An ihm konnte sich lange keiner messen.

Inzwischen gibt es einen anderen. So wie es mit meinem ersten Mann war, wird es nie wieder werden. Aber sein Geist ist nicht mehr mit unter unserer Bettdecke. Ich habe jetzt etwas Neues, ganz anderes. Und das ist auch schön.

▶ Sex mit einem unheilbar Kranken

Mit einem unheilbar Kranken Sex zu haben ist ein absolutes Tabuthema. Wenn man die Diagnose Krebs gestellt bekommt und einem eröffnet wird: »Noch ein halbes oder ganzes Jahr«, muss man das verarbeiten. An Sex denkt man nach diesem Schockbefund sicher zuletzt. Das gilt für den Betroffenen und seinen Partner gleichermaßen. Dennoch gibt es in der Partnerschaft Phasen, in denen Sex eine große oder sogar die Hauptrolle spielt. Wer beispielsweise frisch zusammen ist und verliebt, hat in der Regel häufig Sex. Und plötzlich soll Knall auf Fall damit Schluss sein. Dass Todkranke keinen Sex haben oder haben wollen, ist ein Mythos. Häufig sind Betroffene aber der irrigen Meinung, dass Sex bei ihrer Erkrankung schädlich sein könne.

Mit den Auswirkungen einer tödlichen Krankheit auf das Sexleben befasste sich Emilee Gilbert von der University of Western Sydney, die im Rahmen einer Studie 131 Partner einer krebskranken Person nach ihren Erfahrungen, Gefühlen und sexuellen Bedürfnissen befragte. Heraus kam, dass bei 86 Prozent der Männer und 76 Prozent der Frauen die Krebsdiagnose ihr Sexualleben beeinträchtigt oder sogar beendet hat. Die australische Studie ergab außerdem, dass es über Sex so gut wie keine Kommunikation unter den Paaren gibt. In der Regel ist es der Krebspatient, der das Thema meidet, aber auch der Partner traut sich kaum, angesichts der bedrohlichen Situation ein offenes Gespräch darüber anzufangen.

Auch die Ärzte sprechen das Thema in den seltensten Fällen an. Sie sind fokussiert auf den Patienten und seine Erkrankung und nicht darauf, ob er und sein Partner ihr Sexleben fortführen wollen. Außerdem wollen sie ihre Patienten mit nichts belasten, was im Moment zweitrangig oder überflüssig erscheint.

Nach Ansicht Emilee Gilberts besteht ein großer Gesprächsbedarf über Sex und Krebs, die betroffenen Paare müssten dabei aber von Krebstherapeuten unterstützt werden. Denn Krebspatienten seien wie alle anderen Menschen: Sie haben sexuelle Wünsche und Bedürfnisse (http://www.focus.de/gesundheit/ratgeber/krebs/nebenwirkung_aid_124797.html).

Paare, die mit ihren Ärzten offen über Sex, über ihre Bedürfnisse und Wünsche reden und sich austauschen können, empfinden das als Befreiung. Oft wird einfach das Berühren, Streicheln, Kuscheln als schön und angenehm empfunden. Sex muss ja nicht immer zwingend leidenschaftlich auflodern und in einem Orgasmus enden. Ein Patient, der sich auf zärtliche Weise geborgen fühlt, wird seine Krankheit sicher besser ertragen als einer, dem dies verwehrt wird. Und vielleicht sogar nur aus Unwissenheit und falscher Zurückhaltung. Leider wird das Thema ja schon unter »normalen« Umständen umschifft. Noch schwieriger wird es, wenn eine Krankheit den Menschen einschränkt. Umso wichtiger wäre es, wenn der Arzt dem Thema nicht ausweicht und auf die Besonderheiten bei Sex mit einem Krebspatienten eingeht.

Eine Frau, deren Brüste amputiert sind, die große Narben an anderen Stellen des Körpers hat, oder ein Mann, bei dem sich keine Erektion mehr einstellt, der vielleicht einen künstlichen Darmausgang hat, können trotzdem durchaus mit ihrem Partner intim sein. Man kann ja auch anders Gelüste und Befriedigung verspüren als durch »harten Sex«. Wenn die Beziehung in Ordnung ist, muss sicher kein Mann, der keine Erektion hat, und keine Frau, die sich durch Amputation verunstaltet fühlt, das Gefühl haben, die sexuelle Attraktivität eingebüßt zu haben.

Voraussetzung für die Offenheit dem Thema gegenüber ist, Vorurteile fallen zu lassen und Ängste zwar ernst zu nehmen, sich aber nicht von ihnen blockieren zu lassen. Außerdem ist es wichtig, sich nichts vorzumachen. Wenn keine Lust da ist, kein Bedürfnis nach Sex vorhanden, ist das genauso normal, wie seine Lust auf angemessene Weise anzusprechen und auszuleben.

»Das erste intime Beisammensein nach Diagnose und Behandlung macht vielen Patienten Angst. Kann ich den Sex noch genießen? Wird es mir wehtun? Wirkliche Rezepte gegen diese Angst gibt es nicht. Für Männer wie Frauen ist es manchmal hilfreich, zunächst für sich allein herauszufinden, wie es um die sexuelle Empfindungsfähigkeit steht«, rät das Infoportal für Patienten zum Non-Hodgkin-Lymphom (http://www.nhlinfo.de/exec/start?site=/infopool/587.htm& check=0).

Sex aus dem Leben – auch in einer Krankheitsphase – auszublenden oder auszuleben, kann dazu beitragen, die restliche Zeit zu verschönern, inniger zu machen. Oder aber den Verlust noch schmerzlicher zu empfinden.

Letzter Wille Popcorn

Geklaute Zukunft: Junge sterben schwerer

Der Pfarrer, ein großer grauhaariger schlanker Mann, war zur letzten Segnung ins Hospiz gekommen. Er stand an seinem Bett, ich saß und hielt Berts kalte Hand. Bert lag mit geschlossenen Augen, sein Atem ging stoßweise und in seinem Brustkorb rasselte es. Die Pfleger hatten gesagt, es scheint nun tatsächlich zu Ende zu gehen. Mir liefen Tränen die Wangen herunter. Waren es seine letzten Sekunden, Minuten? Seine letzte Stunde. Der Pfarrer betete: »Der Herr segne dich und behüte dich. Er schaffe dir Rat und Schutz in allen Ängsten. Er gebe dir den Mut, aufzubrechen, und die Kraft, neue Wege zu gehen. Er schenke dir die Gewissheit, heimzukommen ...« Er setzte gerade zum nächsten Satz an.

Plötzlich ein Ruck. Bert hatte den Hebel erfasst, der das Kopfteil des Bettes ruckartig hochschnellen ließ, sah uns an und sagte: »Ich will Popcorn!« Ich schreckte zusammen und stieß aus: »Bist du bekloppt? Spinnst du? Du stirbst gerade und willst plötzlich Popcorn?« Ich war fassungslos. Außer mir. Ich hätte ihn am liebsten geschlagen. Schock! Was ließ mein Mann mich hier durchmachen? Der Pfarrer, ein besonnener ruhiger Mensch, war auch aus dem Konzept gebracht, schwieg irritiert und räusperte sich. Dann legte er beruhigend die Hand auf meine Schulter. Die Pflegerin, die den Lärm gehört hatte, öffnete diskret die Tür und blickte mich fragend an. »Er will Popcorn!«, kreischte ich hysterisch. Sie verkniff sich zu sagen: »Ich dachte, er stirbt.« Stattdessen sagte sie: »Okay, Popcorn« und verschwand.

Im Hospiz wird allen, die auf den Tod warten, möglichst jeder Wunsch erfüllt. Egal, ob ein Sterbender sich vor dem Ende noch einmal richtig betrinken, noch mal eine Runde kiffen oder eine Fußreflexzonenmassage genießen will, was geht, wird erfüllt. Und eben auch, wenn man beim Sterben Schokoladenpudding möchte. Oder Vanilleeis oder Popcorn.

Das machte Bert jetzt zum dritten Mal mit mir. Schon zweimal hatten wir uns abends innig und unter heftigem Weinen voneinander verabschiedet, weil die Pfleger gesagt hatten, es gebe keine Garantie, dass er morgen noch lebe. Dass er den nächsten Tag noch erreicht. Nachts wollte ich die Kinder nicht allein lassen. Beide waren wir am nächsten Morgen überrascht, dass der Geist noch anwesend war. Auch der Pfarrer war schon einmal einbestellt worden und Bert hatte sich trotz der letzten Segnung geweigert zu sterben. Er war einfach geblieben. Am meisten erstaunt waren die Ärzte, denn nach ärztlichem Ermessen hätte er längst gestorben sein müssen.

Er hat bis zur letzten Sekunde nicht wahrhaben wollen, dass er stirbt. Er hat sich dem nicht gestellt. Sein Tod war ein heftiger Tod. Ein junger Geist leistet dem Tod ja einen ganz anderen Widerstand als ein alter. Er war 35, wie konnte er da sein Leben loslassen? Unsere Zukunft? Unsere Kinder? Mich? Sein Wunsch zu überleben war so stark, keiner begriff richtig, dass er noch nicht tot war, dass er noch jeden Morgen seine Augen wieder öffnete und Frühstück verlangte. Er hat gegessen wie ein Scheunendrescher. Obwohl er danach immer Blut erbrochen hat. Er war gegen die Schmerzen mit einer Dosis Tabletten narkotisiert, die, wie der Arzt sagte, einen Elefanten getötet hätte. Trotzdem wurde er nachts wach und musste aufs Klo.

Kurze Zeit später ging er endgültig. Er konnte sich nicht mehr mitteilen, hatte Schaum vor seinem Mund. Krasses Organversagen. Aber sein endgültiges Sterben dauerte noch drei Stunden.

Als er seine Diagnose »Magenkrebs« bekam, war sein Weltbild und das Bild, das er von sich hatte, aus den Fugen geraten. Er hielt sich für unantastbar. Er war ein sehr gesundheitsbewusster, spiritueller Geist. Er lebte so, dass er sich für unberührbar von Krankheit und Tod wähnte. Ihm konnte das nicht passieren. Er hat den Gedanken an Tod sofort beiseite gedrängt.

Bert bestand auf einem sehr eigenwilligen Weg. Wir hatten beide eine Heilpraktiker-Ausbildung gemacht und waren dabei, uns eine Praxis aufzubauen. Wir waren nach China gereist, um vor Ort traditionelle Chinesische Medizin zu lernen. Ich hatte »nebenher« zwei Kinder bekommen. Wir standen ziemlich am Anfang unseres gemeinsamen Weges.

Bert saß ja sozusagen an der Quelle verschiedener heilpraktischer und spiritueller Heilungswege. Und von einer

Operation wollte er nichts hören. Das widersprach seiner Überzeugung. Der Arzt hatte zwar eindringlich geraten: »Eine sofortige Operation ist angesagt«, doch Bert war gegen diesen »schulmedizinischen Quatsch«. Er meinte es besser zu wissen. Ich habe seinen Weg akzeptiert und ihn unterstützt. Ich hatte mich entschlossen, hinter ihm zu stehen. Es ging ja um unser Leben.

Aber es ging ihm immer schlechter. Als er kapitulierte und doch einer Operation zustimmte, war es zu spät. Die Ärzte sagten mir, sie hätten nicht mehr alles entfernen können. Mir war in dem Moment klar, dass er sterben würde. Zu Hause konnte ich ihn nicht pflegen, ich hatte genug zu tun mit meinen zwei Kindern und der Praxis.

Bert wurde ins Hospiz überwiesen. Obwohl das Hospiz die letzte Station ist, hat er immer gesagt: »Ich verlasse dieses Haus lebend. Ich gebe mich nicht auf.« Mir war klar, dass seine Sterbebegleitung längst angefangen hatte. Er wollte es nicht wahrhaben. Bis zuletzt. So haben wir natürlich auch nie über den Tod geredet. Nicht darüber, wie es für ihn ist, so früh zu gehen. Ob er Angst vorm Sterben hat. Nicht darüber, wie ich weitermachen soll. Und kann. Nicht über unsere Kinder. Er ist mir diese Gespräche, die ich mir sehr gewünscht hätte, schuldig geblieben. Er hat den Tod einfach beiseite gedrängt. Er sagte: »Ich werde mich ergeben in das, was passiert. Das wird nicht der Tod sein.« Sein Wunsch zu leben war übermächtig.

Ja, ich habe unsere Praxis allein weiter aufgebaut und organisiert. Das war nach seinem Tod ein einziger Wahnsinn. Denn er hat sich auch bis zum Schluss geweigert, mir die nö-

tigen Vollmachten zu erteilen. Mich umfassend zu informie-
ren, was die nächsten Schritte sein müssten. Noch im Hospiz,
wenn ich sagte: »Vorsichtshalber solltest du mir dieses oder
jenes geben«, antwortete er: »Das ist nicht richtig, ich sterbe
ja nicht. Dir das nicht zu übergeben ist Teil meiner geistigen
Genesung.« Er hat mir eine ordnungsgemäße Übergabe unserer Geschäfte verweigert. Ich habe immer gesagt: »Hey, du
bist nicht allein. Wir haben zwei Kinder. Du hast Verpflichtungen.« Er war an dem Punkt nicht ansprechbar. Ich war
superwütend auf ihn, dass er so verbockt war. An seinem
Totenbett – er durfte noch einen Tag bleiben, ehe er abgeholt
wurde – habe ich gesagt: »Du hast mir ein volles Leben versprochen und bist einfach gegangen. Du haust einfach ab
und lässt mich so zurück!«

Seine Asche habe ich übrigens mit nach Hause genommen. Das ist in Deutschland zwar verboten, aber das war
mir so egal. Ich habe mir die Urne aushändigen lassen und
sie erst einmal in der Praxis untergebracht. Dem Krematorium
habe ich natürlich versichert, dass er ordnungsgemäß zurück-
gebracht wird. Ich wollte ihn einfach noch nicht hergeben.

Ich hatte mein ganzes Leben nach ihm ausgerichtet. Bis
unsere Praxis auf einigermaßen sicheren Füßen stand, hatten wir turbulente Jahre. In China war mein zweites Kind
drei Monate alt. Es war alles extrem strapaziös für mich. Wir
fingen gerade in Deutschland wieder an. Und da wird er
krank und geht.

Meine Wut wechselte sich ab mit dem Wunsch, ihm zu
folgen. Ich hatte intensive Phasen mit einem starken Todes-
wunsch. Sie gehen, kommen aber immer wieder. Dann habe

ich das dringende Bedürfnis, ihm zu folgen. Ich war streckenweise mit allem völlig überfordert. Natürlich bleibe ich hier bei unseren zwei Kindern. Meine Ältere ist sowieso durch unser stressiges Leben zu kurz gekommen. Sie musste immer in der zweiten Reihe stehen. Erst als Mutti dauernd in die Heilpraktiker-Schule ging, dann war Mutti wieder schwanger, dann gingen Mutti und Vati nach China, zurück in Deutschland musste Mutti jeden Tag erst ins Krankenhaus, dann ins Hospiz und jetzt muss Mutti auch noch Papas Part übernehmen. Meine älteste Tochter ist eindeutig zu kurz gekommen.

Bert ist jetzt ein halbes Jahr tot. Ich fühle mich nicht als Witwe. Vielleicht, weil ich ihn noch nicht beerdigt habe. Meine Kinder sehe ich durchaus als Halbwaisen. Jetzt stelle ich manchmal fest: So viel hat sich gar nicht geändert. Ich bin schon sehr lange allein, nicht erst, seit Bert tot ist. Mein Mann war ein sehr unbekümmerter Mensch. Er nahm viel auf die leichte Schulter, war der wonnigen Seite des Lebens zugetan. Es gibt Strecken, da sage ich mir: »Ja, es ist jetzt so. Das stand für mich wohl an.« Dann wieder hadere ich und verstehe die Welt nicht mehr. Ich suche nach Fehlern, die ich gemacht haben könnte. Ich bekomme von meinen Eltern und auch vom Freundeskreis gute Unterstützung. Und doch fühle ich mich total allein.

▶ Umgang mit dem nahen Tod

Immer wieder hört man über sterbende Männer: »Er hat sich bis zum Schluss geweigert, seinen Tod anzunehmen, geschweige denn, darüber zu sprechen.« Es gibt unzählige Witwen, die kurz vor dem Tod ihres Mannes vergeblich das Gespräch mit ihm darüber gesucht haben. Offenbar haben Frauen eher das Bedürfnis, über letzte Dinge zu reden, als Männer.

Dr. Hans-Joachim Lehmann, Arzt auf der Palliativstation des Asklepios-Westklinikums in Hamburg-Rissen weiß: »Leider verweigert die Mehrheit der Menschen und vor allem der Männer die Tatsache, dass sich ihr Leben dem Ende zuneigt. Das macht das Sterben generell natürlich sehr viel schwerer. Wenn man kämpft bis zum Schluss, ist das häufig ein sehr anstrengender Tod. Es geht am Ende darum, loszulassen. Das ist ein Entwicklungsprozess.« (Regine Schneider, *Ich möchte sterben, wie ich gelebt habe*, S. 42)

Nicht nur ältere Männer verdrängen den Tod, selbst wenn er offensichtlich ist, und leugnen bis zum letzten Atemzug, dass sie sterben werden. Das gilt noch weit mehr für den Tod in jungen Jahren, selbst wenn die Diagnose feststeht und nichts mehr daran zu ändern ist.

Professor Christof Müller-Busch, Leitender Arzt der Abteilung für Anästhesiologie, Schmerztherapie und Palliativmedizin am Gemeinschaftskrankenhaus Havelhöhe in Berlin weist in einem Artikel der *Badischen Zeitung* vom 2.11.2009 auf etwas ganz Wesentliches hin: »Es ist ein großer Unterschied, ob jemand alt stirbt und auf ein langes, gelebtes Leben zurückblicken kann, oder ob jemand jung stirbt und Zukunftsperspektiven abgebrochen werden.« Denn wenn jemand jung stirbt, geschieht das im seltensten Fall ohne Schmerzen und Kampf, der auch die Angehörigen emotional mitnimmt.

Dass der Tod immer noch ein Tabuthema in der Gesellschaft ist, hat eine Studie der Universität Hohenheim herausgefunden, der zufolge 75 Prozent der Männer und 63 Prozent der Frauen es ablehnen, sich mit dem Tod zu beschäftigen (https://www.uni-hohenheim.de/news/tod-und-sterben-bleiben-ein-tabu-6). Nicht über das Sterben nachdenken, heißt die Devise. Der Journalist Peter Hahne bringt es in seiner *Bild*-Kolumne auf den Punkt:»Immer länger leben, fit bleiben um jeden Preis, sich versichern und absichern.« Aber Verdrängen nutzt nichts, schreibt Hahne weiter:»Die Sterblichkeitsrate liegt bei 100 Prozent. Klug ist, wer den Tod in sein Leben einkalkuliert.« (http://www.bild.de/politik/inland/tod/was-haben-sie-fuer-ein-problem-mit-dem-tod-33524 758.bild.html)

Sowohl mit Krankheit als auch mehr noch mit dem Tod gehen Frauen und Männer höchst unterschiedlich um. Dabei sind Männer die großen Verdrängungskünstler. Männer finden tausend dringende Beschäftigungen, um zu demonstrieren, dass sie keineswegs sterben werden. Sogar im Hospiz reden sie sich ein, sie würden das Haus auch wieder verlassen.

Noch einmal auf die Kacke hauen

Was Palliativmedizin möglich macht

»Lungenkarzinom«– so lautete die Diagnose. »Stammtumor auf der Lunge links, Metastasen Lunge rechts und Lymphknoten. Zu spät entdeckt, um noch operieren zu können.« Hart und brutal. Die Ergebnisse der Röntgenuntersuchung und Computertomografie waren eindeutig. Mein Mann war 38 Jahre alt, ich 32. Während ich unter Schock stand, sagte mein Mann: »Okay, das ist jetzt nicht zu ändern, ich nehme es als Realität an und mache das Beste daraus.« Mir klappte vor Verwunderung der Unterkiefer herunter. Unser Arzt unterstützte ihn: »Das ist tatsächlich das Beste, was Sie jetzt tun können. Tun Sie alles, was Sie im Leben noch erledigen möchten. Schieben Sie nichts mehr auf.«

Die Mediziner hatten ihm noch etwa ein halbes, bestenfalls ein Jahr gegeben. Und statt zusammenzubrechen, schmiedete mein Mann Pläne. Er erkundigte sich sehr präzise, wie die Krankheit in etwa verlaufen würde. Welche Medikamente man ihm verabreichen könne, um Schmerzen und Ängste vor Erstickung weitgehend zu vermeiden. Und dann sagte er: »Es nützt nichts, gegen die Krankheit zu kämpfen und sie als Feind zu sehen. Ich nehme sie an. Jetzt will ich leben. Ich will alles tun, wovon ich immer geträumt habe. Ich nehme noch mit, was ich kann.« Ich bewunderte seinen Mut und seine Zuversicht. Er wirkte nicht ignorant oder entmutigt. Er wirkte sehr stark. Mir dagegen drohte diese Diagnose den Boden unter den Füßen wegzuziehen. Schließlich würde ich übrig bleiben.

Ich googelte Lungenkrebs und erfuhr: An Lungenkrebs sterben mehr Menschen als an Brustkrebs, Prostata- oder Dickdarmkrebs zusammen. Das liegt daran, dass man so lange beschwerdefrei ist und dieser Krebs in der Regel erst sehr spät entdeckt wird. Treten erst chronische Heiserkeit oder Bluthusten auf, ist es in der Regel zu spät. Dann ist eine Heilung durch eine Operation nicht mehr möglich. Mein Mann war zum Arzt gegangen, weil er hustete und Schmerzen im Brustraum spürte. Manchmal hatte er Atemnot. Blut hatte er noch nicht gespuckt.

Was tun? Eine Chemo? Unser Arzt riet dazu. Die Chemo könnte seine Lebensdauer noch ein wenig verlängern, indem sie die Metastasen verringerte und den Tumor vielleicht verkleinerte. Wir würden etwas mehr Zeit gewinnen. Auf jeden Fall wurde mein Mann gegen seinen leichten Schmerz palliativ eingestellt. Mit Paracetamol und Codein.

Die erste Chemo bekam ihm gut und wir schmiedeten Pläne. Mein Mann wollte immer einmal nach Südafrika reisen. Wir organisierten alles und flogen nach Kapstadt. Wir verbrachten einen wundervollen Sommer. Es war zwar Dezember, aber dann ist ja auf der Südhalbkugel Sommer. In Kapstadt hatten wir für ein paar Tage im Hotel Mount Nelson eingecheckt. In dem Bewusstsein, dass wir alles zum letzten Mal gemeinsam erleben durften und es keine Wiederholung geben würde, sahen wir alles mit anderen Augen. Wir wurden dankbar für die kleinen Augenblicke. Ein Spaziergang durch den das Hotel umgebenden Park, die Sonne, laut lachende Kinder. Wir hätten auch gern Kinder gehabt. Selbst Vogelgezwitscher nimmt man anders wahr. Das Treiben auf dem bunten Marktplatz, die Angebote der Verkäufer. Sie konnten nicht wissen, wie es um uns stand und boten uns Gemälde, Schmuck und Souvenirs an. Woher sollten sie auch wissen, dass für uns ganz andere Dinge wichtig waren. Manchmal wurden wir sehr wehmütig. Wir weinten gemeinsam. Dieses Wissen darum, dass wir diese Momente nie wieder erleben würden, tat weh. Dann gab es auch wieder Momente, wo wir herzlich lachen konnten über Kleinigkeiten. Dinge, die früher keine Bedeutung hatten, weil wir sie als selbstverständlich wahrnahmen, wurden wesentlich. Ich wurde dankbar, wenn ich den Arm meines Mannes streicheln und seine Wärme und Lebendigkeit spüren konnte. Streitereien um alltägliche Dinge, die wir sowieso nicht ändern konnten, schienen plötzlich lächerlich. Euphorie und Trauer wechselten sich ab. Über den nahenden Tod gesprochen haben wir kaum. Aber wir verstanden uns wortlos. Ich dachte oft: »Nur uns ist bewusst, wie nah Leben und Tod hier beieinander sind.«

Nachdem wir Kapstadt erkundet hatten, mieteten wir ein Auto und befuhren die berühmte Garden-Route. Mein Mann saß am Steuer, obwohl dort Linksverkehr herrscht. Er fühlte sich in solchen Momenten stark und unbesiegbar. Später gin-

gen wir auf Safari und konnten Elefanten, Zebras, Spring-
böcke, Nilpferde und Geparden aus der Nähe bestaunen. Dem
Geparden konnten wir uns mit unserem Guide vorsichtig
bis auf wenige Meter nähern. Einmal eilte eine zornige Ele-
fantenmama laut trompetend direkt auf unser Safariauto zu,
weil ihr Baby sich in seiner Unbedarftheit zu nah an uns her-
angewagt hatte. Im letzten Moment drehte sie ab. Ich hatte
schon Angst bekommen, dass sie uns überrennt. Wir genossen die Reise sehr, mein Mann schien aufzublühen und ich
fragte mich, ob es vielleicht doch noch Hoffnung gibt? Wir
waren uns in Südafrika sehr nah und abends kroch ich mit
unter seine Bettdecke und kuschelte mich die ganze Nacht
eng an ihn. Immer dachte ich dabei, schlaf nicht ein, genieße
es, genieße, dass du ihn atmen hörst, dass du spürst, wie sein
Brustkorb sich hebt und senkt, dass du seine Wärme wahr-
nimmst. Wer weiß, wie lange noch?

Beim nächsten Arztbesuch war nichts besser geworden.
Das war für meine Hoffnung ein herber Rückschlag. Die
Schmerzen meines Mannes wurden stärker und er bekam
statt Paracetamol Tramadol, ein mittelstarkes Opioid und
weiter Codein. In diesem Stadium unternahmen wir noch
einige Städtereisen. Lissabon, Dubai und Budapest. Das Reisen nahm ihn mit, aber es war noch schön, weil mein Mann
es so sehr genoss und wir immer noch sehr innig miteinander waren. Manchmal waren wir von großer Gelassenheit
und hatten Galgenhumor, dann wieder war uns bewusst,
dass die Zeit unerbittlich abläuft.

Der Tumor wurde größer. Wir waren inzwischen bestens
über den Krebs informiert und mein Mann äußerte manch-

mal die Angst davor, zu ersticken. Unser Arzt hatte ihn zwar beruhigt: »Sie werden regelmäßig rechtzeitig palliativ optimal eingestellt. Da gibt es heute wunderbare Mittel.«

Mein Mann fühlte sich zusehends abgeschlagen und matt. Von den Opiaten, die er inzwischen gegen die Schmerzen nahm, bekam er Verstopfung. Dagegen musste er Abführmittel nehmen. So verschlechterte sich sein Zustand in kleinen Schritten, aber unaufhaltsam. Wir besuchten Freunde, luden ein, mein Mann wollte feiern und Spaß haben. Manche Freunde kamen und unterstützten uns, andere erfanden Ausreden. Wohl, weil sie es nicht aushalten konnten, dass mein Mann dem Tod näher als dem Leben war. Wir unternahmen alles im Rahmen des Möglichen. Ich unterstützte den Unternehmungsgeist meines Mannes, so gut ich konnte. Manchmal gelang mir das besser, manchmal schlechter. Aber ich konnte die Hoffnung einfach nicht aufgeben.

Schließlich kam mein Mann in das Stadium, wo er Morphium gegen seine Beschwerden brauchte. Er wurde auf die Palliativstation unseres Krankenhauses stationär eingewiesen. Wenn er schmerzfrei war, hatte er immer noch gute Laune. Er erzählte den betreuenden Schwestern, was er sich noch alles erfüllt hatte, und wurde für seinen Mut bewundert. Er war der Star der Palliativstation. Ich war nur Zaungast, Zuschauerin, und mich fragte auch niemand, wie ich damit zurechtkäme. Das war manchmal hart für mich.

Die Palliativstation war eher wohnlich eingerichtet, wo es möglich war. Farbenfroh, gemütlich. Im Aufenthaltsraum schöne dicke rote Sofas. Jemand hatte wohl alte ererbte Möbel für diese Räumlichkeiten gestiftet. Topfpflanzen standen am Fenster. Sogar ein altes Klavier stand dort und manchmal spielte jemand. Es war das Gegenteil von kalt oder steril. Man fühlte sich wohl.

Der leitende Arzt klärte uns auf, was palliative Medizin für einen Sinn und Zweck hat. Die Lebenserwartung der Patienten ist in der Regel begrenzt. Heilung ist nicht mehr möglich. Sie sind »austherapiert«. Er sagte: »Während die Onkologen und Radiologen durch Chemotherapie und Bestrahlung und die Chirurgen durch Operation den Verlauf der Krankheit positiv beeinflussen, mit dem Ziel zu heilen und gesund zu machen oder zumindest das Leben zu verlängern, werden Menschen auf der Palliativstation in erster Linie von belastenden Beschwerden wie Schmerzen, Übelkeit, Atemnot, seelischen Nöten und Ängsten freigehalten. Eine Heilung wird nicht mehr angestrebt.« Es wird häufig sogar in Kauf genommen, dass der Tod durch die Medikamente eher eintritt. Das war knallhart. Während mein Mann sagte: »Ich will alles genau wissen«, dachte ich, muss das so brutal sein? Obwohl ich litt, hielt ich meinen Mund.

Mein Mann wurde medikamentös in der für ihn richtigen Dosis eingestellt. Danach konnte er die Station wieder verlassen und kam nach Hause. Husten, Atemnot und Abgeschlagenheit wurden stärker. Der Krebs schritt unaufhaltsam voran. Krebszellen haben die unangenehme Eigenschaft, dass sie unsterblich sind. Auch das lernte ich. Mein Mann beschloss, zu Hause zu sterben. Ich wandte mich an die Krankenkasse und den ambulanten Pflegedienst, denn die Pflege bis zum Tod traute ich mir nicht zu. Ich erfuhr von der ambulanten Hospizbewegung. Es kam eine sehr angenehme Dame, die mir tatsächlich mit Rat und Tat zur Seite stand. Bei ihr konnte ich auch einmal über meine Sorgen und Nöte sprechen.

Wir hatten inzwischen ein Pflegebett ins Wohnzimmer gestellt. Es ging dann Schlag auf Schlag. Zunächst zwei Lungenembolien, dann Lungenentzündung mit Sepsis. Eine Woche Krankenhaus. Er hat sich davon tatsächlich noch einmal erholt. Er war so lebensmutig und tapfer. Der Krebs hatte Mühe, seinen Lebenswillen niederzumachen. Danach verschlechterte sich sein Allgemeinzustand zusehends. Mein Mann nahm immer mehr ab. Unser Palliativmediziner kam einmal pro Woche und versorgte meinen Mann mit den nötigen Medikamenten. Er bekam regelmäßig Morphin retard und nach wie vor Codein für den Husten. Die Atemnot wurde schlimmer. Er konnte nicht mehr aufstehen und zur Toilette gehen. Es kam die Zeit, dass er nichts mehr essen wollte. Er hing am Tropf, bekam Infusionen und das Wasser aus der Lunge wurde mit Hilfe von Punktation geleert. Sauerstoff bekam er in den letzten Tagen nonstop.

Es kam noch schlimmer. Eines Morgens wachte er mit einem geschwollenen Arm auf, so dick wie ein Elefantenbein. Der linke. Die Seite, wo der Stammtumor im Lungenflügel saß. Wassereinlagerungen. Ich fragte mich, ob das mit der Lymphe zusammenhing und erhöhte eigenmächtig die Tablettendosis gegen die Wassereinlagerungen. Als auch noch sein linkes Bein anschwoll, war ich auf das Schlimmste gefasst. Mein Mann hatte schrecklich abgebaut. Es ging plötzlich furchtbar schnell bergab. Die letzten Tage vor seinem Tod setzte ein präfinales Rasseln und eine große Unruhe ein.

Außerdem versuchte er ständig, seinen Oberkörper zu entkleiden, um im Bett frei zu liegen. Er bäumte sich auf und kollabierte danach in meinem Arm. Ich wusste, dass dies wohl das Endstadium sein musste, und war entsetzlich hilflos. Der Palliativdienst gab ihm noch einmal Morphium. Vielleicht auch Dormikum, ein Medikament, das den Kranken vom Leben in den Tod gleiten lässt. Danach schlief er den ganzen Tag, wurde immer ruhiger und atmete immer gleichmäßiger. Das durch die Schmerzen verursachte Stöhnen hörte auf. Er wurde nicht mehr wach, und falls der Arzt ihm eine Spritze zur Unterstützung dieses friedlichen Sterbens gegeben hat, bin ich ihm dankbar. Ich saß die ganze Zeit an seinem Bett. Der ambulante Hospizdienst war ein Segen und unterstützte mich sehr. Meinen Mann bei seinem Sterbeprozess zu begleiten, war aufreibend und eine absolute Grenzerfahrung.

Ich brauchte sehr lange, um mich davon zu erholen, und doch würde ich es jederzeit wieder tun. Ich bin froh, dass ich bis zuletzt bei meinem Mann sein konnte. Das tröstet mich. Ich habe alles in einem Tagebuch festgehalten und es tut mir gut, es aufgeschrieben, mir von der Seele geschrieben zu haben. Ich schreibe immer noch, denn so genau will keiner wissen, was wir durchgemacht haben. Der Tod wird ausgeblendet und weit weggeschoben. Er hat bitte nicht stattzufinden, jedenfalls nicht in Gesprächen. Es sei denn, man ist selbst betroffen.

▶ Aufgaben der Palliativmedizin

Palliativmedizin kommt in der letzten Lebensphase zum Einsatz. Palliativstationen sind als Übergangsstationen gedacht, die das Leben bejahen und das Sterben als normalen Prozess ansehen. Das mag sich widersprüchlich anhören, entspricht aber dem Anspruch der Palliativmedizin. Sie will den Tod nicht hinauszögern oder beschleunigen, das Leben aber für die verbliebene Zeit lebenswert gestalten. Schmerzen, Atemnot, Verstopfung, Ängste und andere Beschwerden sollen und können dank der Fortschritte in der Medizin gelindert werden. Auch psychische und spirituelle Bedürfnisse werden berücksichtigt, damit das restliche Leben der Patienten bis zum Tod so aktiv, leidensfrei und lebensfroh wie möglich sein kann. Die Palliativstationen werden von Medizinern geleitet, während im Hospiz keine Ärzte fest angestellt sind.

»Palliativ« kommt von dem Lateinischen »pallium«, Mantel, womit eine ganzheitliche beschützende Behandlung und Pflege gemeint ist. So arbeiten auf einer Palliativstation neben angestellten Ärzten, Schwestern, Physiotherapeuten, Sozialtherapeuten, Kunsttherapeuten und Seelsorgern auch viele besonders geschulte ehrenamtliche Mitarbeiter.

»Palliativmediziner dürfen auf ausdrücklichen Wunsch Todkranken schmerzlindernde Mittel in der nötigen Menge geben, auch wenn dies deren Leben verkürzen kann. Die Leidenslinderung hat Vorrang vor der Ausschöpfung der möglichen Lebensspanne. Wenn die Schmerzen und Beschwerden nicht auf ein erträgliches Maß reduziert werden können, darf der Arzt dem Patienten Medikamente anbieten, die ihn so tief schlafen lassen, dass er sein Leiden nicht mehr wahrnimmt.« (Regine Schneider: *Ich möchte sterben, wie ich gelebt habe*, S. 37)

Dieser Vorgang wird »terminale Sedierung« genannt und darf angewendet werden, wenn der Patient nur noch wenige Tage zu leben hat. Die Schmerzmittel sind in diesem Fall so hoch dosiert, dass sie zwar nicht töten, aber sehr tief betäuben.

Das Bundesministerium für Gesundheit gründete inzwischen ein »Forum Palliativversorgung« mit dem Ziel einer besseren Betreuung Schwerstkranker und Sterbender. Denn ohne *palliative Versorgung ist der Sterbeprozess mitunter unmenschlich qualvoll*. Seit 2008 hat jeder unheilbar Erkrankte, dessen Lebenszeit erkennbar begrenzt ist, Anspruch darauf, von einem Team für »Spezialisierte ambulante Palliativversorgung« (SAPV) betreut zu werden. Es handelt sich hierbei um kompetente Mischtrupps, bestehend aus qualifizierten Ärzten, Pflegern und einer »Koordinationskraft«. Ergänzend zum Pflegedienst sorgen diese Teams dafür, dass zu Hause alles Notwendige für den Patienten getan wird – etwa auch dafür, dass er nicht unnötig in ein Krankenhaus eingewiesen wird.

Für Palliativpatienten ist das Leben mit Sicherheit irgendwann zu Ende. Aber selbst erfahrene Ärzte können den Zeitpunkt nicht genau vorhersagen. Sterben verläuft nicht nach einem bestimmten Muster, sondern ist ein Auf und Ab. Es gibt Patienten, denen es gut zu gehen scheint und die einen stabilen Eindruck machen, und dennoch sterben sie überraschend in der nächsten Nacht. Bei anderen scheint der Tod unmittelbar bevorzustehen und doch lässt er Tag für Tag oder Woche für Woche auf sich warten. Hoffnung wechselt mit Niedergeschlagenheit, mit depressiven Stimmungen, tage-, wochen-, mitunter monatelang.

Die Geliebte am Grab

Der Schatten der Zweitfrau

Rache ist süß. Und ich rächte mich von ganzem Herzen. Für eine sehr tiefe Verletzung, die ich nicht verzeihen konnte und wollte. Die Dame, um die es geht, wird sicher das nächste Mal besser aufpassen, ehe sie einer Ehefrau den Mann ausspannt.

Wir haben dreißig Jahre eine gute Ehe geführt, zwei Kinder großgezogen und auf den Weg gebracht – und plötzlich hatte er eine Geliebte. Keine Ahnung, warum. Ich war natürlich die Letzte, die davon erfuhr. Und zwar durch eine Tennisfreundin. Mein Mann spielte mit ihrem Mann und eines Tages nahm sie mich zur Seite und sagte: »Pass auf, Gila, mit seiner Kollegin, da läuft was.« Ich war wie vor den Kopf gestoßen. Ich wollte das nicht glauben. Ich vertraute ihm. Unsere Ehe war in Ordnung. Ich hätte zu dem Zeitpunkt jedem erzählt, dass ich glücklich verheiratet bin. Es gab selten Streit. Meinungsverschiedenheiten trugen wir immer in Ruhe aus. Wir hatten uns eine Existenz aufgebaut, besaßen mittlerweile drei Mietshäuser und ein beträchtliches Barvermögen.

Nachdem meine Freundin mir das gesagt hatte, fiel mir auf, dass er tatsächlich häufiger in die Firma und auf Dienstreise ging, als es meiner Meinung nach nötig war. Manchmal verließ er die Wohnung, nur um ein Telefonat zu führen. Ich spionierte hinter ihm her und fand bestätigt, dass er sich private Freiräume nahm, die er mir als dienstlich verbrachte Zeit verkaufte.

Darauf angesprochen gab er – na klar – nichts zu, verharmloste alles und tat so, als sähe ich Hirngespinste. Ich blieb ruhig, obwohl es mir sehr schlecht ging. Ich trug das alles über Wochen mit mir herum und dachte nach. Ich sagte mir, wenn du jetzt Theater machst oder panisch reagierst, machst du alles kaputt. Ich wollte einerseits um ihn kämpfen, andererseits aber auch, falls er zu ihr gehen würde, nichts von dem verlieren, was wir uns in dreißig Jahren aufgebaut hatten und woran ich ja meinen Anteil hatte. Außerdem stand das später unseren Kindern zu. Das sollte sich keine Geliebte unter den Nagel reißen.

Ich versuchte noch mehrmals, ein offenes Gespräch mit meinem Mann zu führen. Ich sagte ihm geradeheraus, ich weiß, dass du fremdgehst. Er stritt alles ab. Ließ mich gegen eine Mauer laufen.

Gut, dachte ich. Du willst es nicht anders. Wenn du nicht reden willst, rede ich auch nicht. Es gab da etwas, das angepackt werden musste. Zumindest von meiner Seite. Mein Mann hatte Magenkrebs. Er war operiert worden und glaubte, die Krankheit sei rechtzeitig entdeckt worden. Was er nicht wusste – der Oberarzt hatte mich nach der Operation zur Seite genommen und mir gesagt: »Der Krebs hat bereits gestreut. Ihr Mann wird vielleicht noch ein, maximal zwei Jahre leben. Dafür müsste er sich aber einer Chemo unterziehen.«

Ich hatte den Arzt dringend gebeten, meinem Mann keinen reinen Wein einzuschenken. Ich wusste, er würde depressiv werden. Eine Chemotherapie hatte er sowieso immer abgelehnt: »Ich lasse doch meinen Köper nicht mit dem Gift volllaufen. Niemals!« Wie die meisten Männer dachte er, mit der OP sei der Fall erledigt, der Tumor war ja herausoperiert worden. Und sich länger als nötig mit einer Krankheit auseinanderzusetzen ist ja nicht Männersache. Lieber verdrängen. Zu der Zeit wusste ich noch von keiner Geliebten.

Er wurde also aus dem Krankenhaus entlassen, ohne zu wissen, dass sein Lebensende absehbar war. Ich umsorgte ihn, wenn er denn mal zu Hause war. Ich hegte und pflegte ihn und behielt das Wissen seiner Endlichkeit für mich. Meine Motivation war zunächst, ihn schützen zu wollen. Er sollte nicht vor Verzweiflung zusammenbrechen.

Als ich dann von seiner Geliebten erfahren und vergeblich versucht hatte, ihn zurückzubekommen, dachte ich: »Nur zu, ihr zwei, dann macht euch mal ein schönes Leben.« Mein Geheimnis behielt ich erst recht weiter für mich.

Von Zeit zu Zeit bekam ich meinen Mann zu sehen. Er kam ja immer mal nach Hause. Er wurde blasser und dünner. Ich beobachtete das. Wir sprachen nicht. Manchmal war er wochenlang auf »Dienstreise«. Dann kam er abgekämpft zurück und verbrachte das Wochenende im Bett. So verging ein halbes Jahr. Zum Arzt ging er nicht. Ob er Medikamente nahm, weiß ich nicht. Inzwischen gab es eine zweite Wohnung, wo er wohl mit seiner Geliebten lebte. Das erfuhr ich durch Zufall. Meine große Enttäuschung wurde gemildert durch mein Wissen, dass er bald sterben würde. Ich fand, das hatten die beiden verdient. Hört sich böse an, aber so dachte ich damals.

Eines Tages kam er nach Hause und packte seinen Smoking, sein Smoking-Hemd und seine Lackschuhe ein. Ich fragte: »Wozu das denn?« – »Eine dienstliche Angelegenheit.« – »Und da werden keine Ehefrauen mit eingeladen?« – »Nein, diesmal nicht.« Ich dachte nur, du verlogenes Schwein. Aber ich schwieg. Später erfuhr ich – wieder durch Zufall –, dass der Bruder seiner Geliebten geheiratet hatte und er eingeladen war. »Aha«, dachte ich, »da gibt er schon den Schwager.«

Kurz danach eröffnete er mir, er würde für längere Zeit verreisen und wüsste nicht, wann er wiederkommen würde. Ich war vor allem gespannt, wie er wiederkommen würde. Tot oder lebendig?

Nach fünf Wochen erhielt ich einen Anruf seiner Geliebten: »Er liegt im Krankenhaus.« – »Ja, und?« – »Er möchte Sie sehen.« Ich überwand mich und besuchte ihn. Zu dem Zeitpunkt hätte ich ihn noch zurückgenommen. Ich hatte immer gehofft, das läuft sich tot, zumal seine Geliebte weder häuslich noch mütterlich war. Er legte aber immer großen Wert auf eine aufgeräumte Wohnung, saubere, gebügelte Klamotten und ein gutes, warmes Essen. Er sah jämmerlich aus, wie er da in seinen Kissen lag. Aber er hatte die Stirn, zu sagen: »Ich will die Scheidung.« Nochmal eine Ohrfeige. Ich antwortete: »Dann warte wenigstens, bis ich meine Mutter beerdigt habe. Sie ist letzte Woche gestorben. Dann können wir darüber reden.« Ich ging.

Eine Woche später kam sein Testament, verfasst von einem Notar, den ich nicht kannte. Daraus ging hervor, dass die Geliebte sein Barvermögen von 400 000 Euro erben sollte. Da ich noch Kontovollmacht hatte, kontrollierte ich das und stellte fest, dass sein Barvermögen bereits abgeräumt worden war.

Nun denn! Jetzt war der richtige Zeitpunkt gekommen. Ich besuchte ihn noch einmal im Krankenhaus. Inzwischen hatte er keinen natürlichen Magenzugang mehr und wurde über eine Sonde ernährt. Ich setzte mich an sein Bett und sagte geradeheraus: »Ich wusste schon lange, dass du höchstens noch ein oder zwei Jahre zu leben hast. Ich hatte darum gebeten, dir nicht die volle Wahrheit zu sagen. Ich wollte dir ein schönes restliches Leben schenken, bis zum Schluss. Du hast dich anders entschieden.« Er war fassungslos. Lief rot an und fing an zu fluchen und zu schimpfen. »Wenn ich das gewusst hätte, hätte ich den Rest meines Lebens ganz anders gestaltet! Du hast mich um mein Lebensende betrogen!«, schrie er geradezu. Ich erwiderte nur in aller Ruhe: »Und du hast mich um unsere Zukunft betrogen. Du hast gelogen und mich nach Strich und Faden verarscht. Wir sind quitt.« Ich stand auf und sagte: »Du wolltest unbedingt gehen. Du kannst jetzt gehen.« Dann schloss ich die Tür hinter mir und zog in Gedanken einen Schlussstrich. Ab sofort würde ich mich nur noch um mich kümmern. Ich empfand keinen Hass, aber auch keine Trauer. Jedem, was er verdient.

Eine Woche später war er tot. Seine Geliebte rief mich an und teilte mir sein Ableben mit. »Er hat schrecklich gelitten.« Was sollte ich dazu sagen? Und dann hatte sie die Stirn, zu sagen: »Wenn Sie wollen, können Sie ihn wiederhaben.« So eine Dreistigkeit traute sie sich also. Ich antwortete: »Danke, zu Lebzeiten hätte ich ihn zurückgenommen. Jetzt ist es Ihr Job, ihn unter die Erde zu bringen. Sein Geld haben Sie ja schon.« Ich habe alles ihr überlassen. Anstandshalber bin ich mit meinen Kindern zur Bestattung gekommen und habe mein Schippchen Erde auf seinen Sarg geworfen. Dann habe ich mich umgedreht und bis heute keinen Blick mehr zurückgeworfen.

▶ Ehefrau und Geliebte

Ehefrau und Geliebte, ein alltägliches Thema von Goethe bis Hollande, das so alt ist wie die Menschheit. Lebenslange Zweisamkeit ist selten geworden. Viele Menschen leben heute das Modell der »seriellen Monogamie«, das heißt, es gibt zwar für eine gewisse Zeitspanne nur einen Partner, aber es wird öfter gewechselt.

Aus zahlreichen psychologischen Studien wissen wir, dass es gerade die Männer sind, die gern zweigleisig fahren. Dabei ist es ziemlich unwahrscheinlich, dass der Mann seine Ehefrau für die Geliebte verlässt. Eine Studie der Gesellschaft für erfahrungswissenschaftliche Sozialforschung hat im Jahr 2008 eine Statistik über Geliebte vorgelegt (www.zeit.de/2012/30/DOS-Geliebte). Demnach verlässt nur jeder zehnte Ehemann seine Frau für seine Affäre.

Wissenschaftler wissen auch: Jeder Zweite in einer Partnerschaft denkt an Trennung. Allerdings nicht an Scheidung. Dem Scheidungsdrama entziehen sich vor allem Männer (Regine Schneider: *Die Liebe kommt, die Liebe geht*, S. 11). Sie lassen neben ihrem gewohnten häuslichen Nest die Geliebte gern nebenher laufen.

Geliebte zu bleiben nehmen sich aber die wenigsten Frauen vor. Dass man sich verliebt, kann man nicht steuern. Es passiert häufig im Job. Stellt man dann fest, dass er verheiratet ist, ist es schwierig, sich deswegen wieder zu entlieben. Zunächst genießt man die schönen Stunden. Die Hoffnung, dass es für immer ist, schwingt stets mit. Da eine Frau ihr Leben nicht als Dauergeliebte führen möchte, fragt sie irgendwann nach der Zukunft. Mehr und mehr sehnt sie sich danach, das zu haben, was die Ehefrau hat. Statt flüchtiger Stunden in Hotelzimmerbetten, sich nach außen hin als Fremde geben, statt Hand in Hand spazieren zu gehen, möchte jede Geliebte nach einer gewissen Zeit den ganz normalen Alltag.

Irgendwann hat sie die Nase voll, denn sie möchte nicht mehr die zweite Geige spielen und macht Druck. Er ist im Zwiespalt. Wenn der emotionale Ausnahmezustand zu groß und mächtig wird, führt das entweder zur Trennung oder aber in seltenen Fällen zur Scheidung.

Interessant dabei ist, und das könnte das Glück der Geliebten sein, dass zwei Drittel aller Scheidungen von der Frau eingereicht werden, die schließlich auch einmal genug hat.

»Berücksichtigt man, dass bei der heutigen hohen Lebenserwartung das gesamte Partnerschaftsleben etwa 60 Jahre dauert, die monogame christliche Ehe aber installiert wurde, als die Frau mit durchschnittlich 40 Jahren im Kindsbett starb, wird klar, dass eine lebenslange Partnerschaft bei der Rollenvielfalt, die von uns gefordert wird, eher unwahrscheinlich ist.« (Regine Schneider, a.a.O., S. 16)

Wenn das Pendel Freudentänze aufführt
Spiritueller Umgang mit dem Tod

Als ich den Leiter unseres spirituellen Kreises anrief und ihm sagte: »Gerd ist gerade gestorben«, antwortete er: »Das wissen wir schon. Wir haben gesehen, dass er von zwei Personen abgeholt wurde. Von einem jungen Mann und einer kleinen, alten, weißhaarigen Frau. Er ist jetzt in einer Zwischenwelt und fühlt sich wohl. Wir haben ihm alle Geleit gegeben.« Das erstaunte mich nicht, denn in unserem Kreis gibt es einige hellsichtige Leute. Und auch ich kann mit Hilfe meines Pendels wahrnehmen, was für andere unsichtbar bleibt.

Nachdem bei Gerd Darm- und Leberkrebs diagnostiziert worden war, hatten wir nichts unversucht gelassen. Wir sind beide gläubige Menschen und setzten zunächst auf alternative Medizin. Wir ließen einen Rutengänger unser Haus ausmessen und räumten unser Schlafzimmer um. Wir suchten einen Orthomolekular-Mediziner auf und versuchten mit Hilfe der Blutgruppenernährung, die Harmonie im Körper wiederherzustellen. Gerd hatte die Blutgruppe A. Das bedeutete vor allem, sich vegetarisch zu ernähren, was so gar nicht sein Ding war. Blutgruppe A hat zudem häufig ein schlechtes Immunsystem. Ich habe eine Ausbildung zur Wildkräuterpädagogin gemacht und jeden Tag grüne Smoothies gemixt. Leider hielt sich Gerd nur halbherzig an die für ihn optimale Ernährung, er hatte immer ein Bonbon im Mund. Ohne Süßigkeiten konnte er nicht.

Eine Fiebertherapie bekam ihm gar nicht. Genauso wenig wie eine Hyperthermie, bei der man wie zwischen einem Waffeleisen liegt. Beide Therapien gehen davon aus, dass Krebszellen keine Hitze mögen. Wir haben bei all unseren Bemühungen fest geglaubt, dass Gerd es schaffen wird. Wir probierten Krebs-Chigong, Fußreflexzonenmassage, wir taten alles, um positive Schwingungen zu fördern und negative zu vertreiben. Wir arbeiteten auch mit dem Einschwingen von Heilzahlen.

Eines Nachts wurde ich wach. Gerd saß gekrümmt auf der Bettkante. Es ging ihm hundsmiserabel, er spuckte grüne Flüssigkeit. Er hatte gerade zwei Stunden geschlafen, dann wurde er wieder von den Schmerzen geweckt. Tagsüber saß er stundenlang am PC und googelte alles über Krebstherapien. Es war der Zeitpunkt gekommen, über eine Operation nachzudenken. Gerd willigte ein. Er war so tapfer. Mein Mann, der über jeden Schnupfen, über jeden Kratzer oder Kopfschmerz gejammert hatte, maulte nicht einmal. Man nahm ihm 40 Prozent der Leber weg und den Tumor im Darm. Die Leber ist ja das einzige Organ, das nachwächst, und das gab uns Hoffnung. Gerd bekam nun auch Morphium gegen die Schmerzen. Chemo- und Strahlentherapie lehnte er ab.

Nachdem er aus dem Krankenhaus entlassen worden war, ging es ihm kurzfristig besser. Wir unternahmen eine Reise nach Amrum und wanderten den ganzen Tag über die Insel. Wir genossen barfuß den weißen Sand und ließen uns den Seewind durch die Haare pusten. Wir sammelten Muscheln und Steine. Bei schlechtem Wetter zogen wir unsere Friesennerze über und kletterten in die Dünen. Danach tranken wir in einem gemütlichen kleinen Inselcafé heißen Tee. Es war so schön! Wieder zu Hause, kam ein schmerzhafter Rückfall. Das war an einem Freitag. Wir fuhren sofort ins Krankenhaus, aber da tat sich nichts mehr. Die Ärzte hatten Wochenende. Da traf mich die Gewissheit wie ein Schlag: »Gerd, die Ärzte haben dich aufgegeben.« Gerd zuckte zusammen: »Nein!« Ich antwortete ganz ruhig: »Doch, wir müssen den Tatsachen ins Auge sehen.«

Noch am Wochenende bezog ich ein kleines Appartement im Krankenhaus. Ich wollte ganz nah bei meinem Mann sein. Es gab zwar ein Palliativteam, das seine Hilfe anbot, aber ich wollte meinen Mann so eigenständig wie möglich pflegen. Die Tage verbrachte ich im Krankenhaus, fuhr höchstens einmal eine Stunde nach Hause, um ein Kräutersüppchen zu kochen. Außer mir und unserer Tochter, die in Hamburg studierte, wollte Gerd niemanden sehen. Bis zu seinem Tod lebten wir jeden Tag in der Gegenwart. Wir dachten nicht an die Zukunft. Es gab auch lustige Momente bis zu den letzten Tagen. Gerd wurde inzwischen künstlich ernährt. Als unsere Tochter zu Besuch war, wollte Gerd plötzlich ein schönes, fettes Eis. Ich holte drei schöne Eisbecher mit Sahne. Wir saßen alle drei auf Gerds Bett und amüsierten uns köstlich, dass wir dem Tod ein Schnippchen schlugen. Wir entwickelten Galgenhumor. Diese letzte Zeit war trotz allen Schmerzes eine gute intensive Zeit. Ich würde sogar behaupten, die letzten eineinhalb Jahre waren unsere besten. Gerd ging ja nicht mehr seinem Beruf als Lehrer nach. Der hat ihn zeitlebens sehr gefordert, er kam mit seinen Schülern nicht gut aus, musste Mobbing erleben und nahm Unverschämtheiten sehr persönlich. Er hatte im Beruf sehr gelitten, hatte einfach kein dickes Fell, was sich natürlich auch auf das Leben zu Hause auswirkte. Er war mürrisch, schwierig, zog sich viel zurück, war eigentlich immer schlecht gelaunt. Als er nicht mehr zur Schule musste, kam der andere Gerd, der humorvolle, lustige und liebenswerte Gerd hervor. Ich wusste wieder, warum ich diesen und keinen anderen Mann geheiratet hatte. Wir waren nie das Superliebespaar oder führten viele Gespräche. Aber wir teilten viele schöne Dinge, wir sangen gemeinsam im Chor und ich entdeckte mit ihm meine Heimat erst richtig. Wir machten ausgedehnte Spaziergänge, Fahrradtouren und liebten beide die Natur.

Ganz zum Schluss sprachen wir auch über seinen Tod. Ich sagte: »Du musst keine Angst haben. Nach deinem Sterben wird dich etwas Wunderbares erwarten.« Davon bin ich bis heute fest überzeugt. Gerd blieb bis zum Schluss ganz ruhig. Kurz vor dem Ende sagte er: »Ich möchte jetzt ganz tief schlafen.« Er bekam eine hohe Dosis Morphium, die zum Einschlafen und letztlich zum Tod führte. Gegen fünf Uhr morgens kam die Nachtschwester ins Zimmer. Ich war im Sessel eingenickt. Sie stupste mich an der Schulter und sagte: »Ihr Mann macht sich jetzt auf den Weg.« Ich benachrichtigte unsere Tochter, die bereitstand, schnell zu kommen. Als er endgültig ging, hielten wir ihm beide die Hand. Er schlief friedlich ein.

Wir blieben noch drei Stunden still bei ihm sitzen. Es herrschte eine friedliche Stimmung. Erst dann wuschen wir ihn, ich fuhr nach Hause und holte einen Anzug, ein weißes Hemd und eine schöne bunte Krawatte. Erst danach benachrichtigten wir die Verwandtschaft, die sich auch schnell auf den Weg machte. Als wir in Gerds Zimmer beisammen waren, bildeten wir einen Kreis und beteten das Vaterunser. Danach verabschiedete sich jeder auf seine Weise. Mein Mann sah im Tod wunderschön aus. Den Anblick behalte ich in guter Erinnerung. Aller Schmerz war aus seinem Gesicht verschwunden. Ich bin der festen Überzeugung, dass Gerd jetzt in einer Zwischenwelt voller Licht ist. Mein spiritueller Kreis bestätigte mir das und Gerd hat sich nach seinem Tod bereits zwei Mal bei mir gemeldet.

Das erste Mal wurde ich wach von einem Klopfen, das sich anhörte, als poche jemand an eine Holztür. Ich sprang aus dem Bett und schaute nach, sah aber niemanden. Dann setzte ich mich mit meinem Pendel an den Tisch. Mein Pendel ist für mich ein gutes Hilfsmittel für Botschaften aus dem Jenseits. Ich gehöre nämlich nicht zu den hellsichtigen Menschen. Ich fragte: »Gerd, bist du das?« Mein Pendel vollzog einen Freudentanz. Wir verabredeten, dass er sich bald wieder meldet.

In der Zeit prophezeite mir eine Kartenlegerin, dass Gerd nicht lange wegbleiben würde. Und dass seine Seele in einem der Kinder unserer Tochter wiederkäme.

Ich bin sehr gespannt. Meine Hoffnung ist, dass ich einiges wiedergutmachen kann. Mein Mann war ja oft miesepetrig, übellaunig, selten fröhlich, und entsprechend gereizt bin ich natürlich mit ihm umgegangen. Unsere Ehe war nicht einfach.

Er kam noch einmal, es klopfte wieder wie beim ersten Mal an die Tür und mein Pendel vollführte abermals einen Freudentanz. Wir sprachen nicht miteinander, aber ich spürte Gerds Freude, dass ich ihn bemerkt habe.

Die Todesanzeige gestaltete ich sehr liebevoll mit einem Kreuz aus Licht. Ich bin überzeugt, Gerd lebt im Licht. Für mich ist der Tod kein Punkt, sondern ein Doppelpunkt.

Und so habe ich auch nur ein einziges Mal richtig ausdauernd meinen Schmerz herausgeweint. Danach war es gut. Ich fange an, mich an die schönen Dinge in unserer 25-jährigen Ehe zu erinnern. Ich räume das Haus aus und mache es wieder zu meinem. Ich habe unter dem Chaos meines Mannes gelitten. Er sammelte, was nicht niet- und nagelfest war, und das ganze Haus vom Keller bis zum Dachboden war vollgepfropft. Als Nächstes möchte ich einen Brunnen für Gartenwasser anlegen. Jede Woche entstöre ich mein Haus und befreie es von ungesunden Strahlen. Ich besuche spirituelle Wochenendseminare und gehe vor allem mit den Leuten meiner Wellenlänge um. Mit anderen habe ich nicht viel zu reden und ich vermeide das auch, wo ich kann. Es ist einfach angenehmer, mit Leuten umzugehen, die so denken wie ich.

Gerd hat meine Spiritualität sehr respektiert. Er sagte zum Schluss: »Um dich mache ich mir keine Sorgen. Du kommst klar.« Er hat mir seine Mutter und seinen Bruder hinterlassen, die mit ihren Leben nicht so gut klarkommen. Um die kümmere ich mich. Ich habe eine positive Sicht auf das Leben und auch auf den Tod. Ich habe keine Angst und manchmal denke ich, mein Mann hat das Leben so negativ gesehen, da ist es kein Wunder, dass er so krank geworden ist.

▶ Weiterleben nach dem Tod

Natürlich gibt es keine Gewissheit über ein Leben nach dem Tod. Spirituelle oder religiöse Menschen glauben aber zumindest an die Möglichkeit des wie auch immer gearteten Fortlebens nach dem Tod und daran, dass die Seele der Wandlung und Vergänglichkeit nicht unbedingt unterworfen ist. Viele Menschen sind spirituell ausgerichtet und glauben an ein Leben nach dem Tod. Oder zumindest, dass die Seele in irgendeiner Form weiterlebt. Im Buddhismus beispielsweise ist der Tod nicht das Ende der zeitlichen Existenz, sondern nur eine Umwandlung im Rhythmus des ständigen Werdens und Vergehens. Wichtig sei deshalb die Haltung, mit der ein Sterbender dem Tod entgegensehe. Die Gedanken haben Einfluss auf die Form der Wiedergeburt. Roswitha Broszath, Berliner Heilpraktikerin und Astrologin: »Es gibt deshalb die Notwendigkeit der Auseinandersetzung mit dem Tod. Mit der Energie, mit der ich aus dem Leben gehe, gestalte ich nicht nur meinen Übergang, sondern auch

mein neues Sein, wenn ich wiedergeboren werden sollte.«
(Regine Schneider: *Ich möchte sterben, wie ich gelebt habe*,
S. 185)

Seit dem Altertum beschäftigt die Menschen die Frage
nach dem Leben nach dem Tod. In vielen Religionen wird
das Leben als Bewährung oder Reifung angesehen, als eine
Phase, der eine weitere andere Phase folgt. Das Individuum
wechselt demnach in einen anderen Seinszustand im Jenseits, wahlweise im Totenreich, Himmel, Hölle oder im Bereich der Unsterblichkeit. Die Vorstellung der Reinkarnation
beinhaltet, dass die Seele in immer neuen Körpern erscheint,
lebt und wieder geht. Also ein endloses Weiterleben nach
dem Tod.

Im Judentum glaubt man, dass der Mensch nach seinem
Tod in ein Schattenreich eingehe. Im orthodoxen Judentum
gibt es auch die Vorstellung der Reinkarnation. Christen
glauben an Himmel und Hölle, an Bestrafung oder Beloh-
nung nach dem Tod. Wer sich im Leben zu Christus bekannt
und christlich gelebt habe, werde in Gottes Welt, im Himmel, in der Ewigkeit, Herrlichkeit oder dem Licht aufgenommen. In der Bibel wird der Himmel als Ort des ewigen Frie-
dens beschrieben.

Im Islam ist der Tod noch wahrhaftiger als das Leben,
nicht etwa Ende, sondern Anfang und Befreiung von der
Mühsal des Lebens. Der Tod sei kein Erlöschen, sondern
eine Reise zu allen Freunden, die bereits gegangen sind. Die
Seele gilt als unsterblich.

Hindus sehen den Tod als Wiedereinkehr in den Prozess
der Wiedergeburt. Egal welcher Religion oder spirituellen

Richtung man angehört, ist der Glaube an das Weiterexistieren der Seele und die Wiedergeburt verbreitet.

Was genau nach dem Tode passiert, ist Glaubenssache, und ob wir mit den Verstorbenen in irgendeiner Weise Kontakt aufnehmen können, kann niemand beweisen.

Ein bisschen Papa in der Dropsdose
Alternative Bestattung

Als wir uns auf den Weg zum Krematorium machten, war ich mit meinen Kräften am Ende. »Ich schaff das nicht mehr.« Auch seine Mutter, Clara, und seine Schwester, Corinna, waren fertig mit den Nerven. »Kann uns einer einen Joint besorgen, dass wir uns bekiffen können?«, fragte seine Schwester, eine eingefleischte 68erin, die sich immer noch wie eine Revoluzzerin aufführte, heulend. »Ne«, protestierte seine Mutti, »nix Illegales! Dann kipp lieber ein paar Schnäpse.« Auch sie musste sich dauernd die Tränen wegwischen und die Nase schnäuzen. Ging gar nicht. »Ich stell mich nicht mit Fahne an den Sarg«, sagte ich tapfer und standhaft. »Wie wär es mit Tranquilizern?«, fragte seine Schwester einlenkend. »Riechen nicht. Machen nur ein bisschen bedröhnt. Schirmen ab.« – »Hast du welche?«, fragte ich neugierig. »Ja, ne Schachtel Diazepam«, antwortete sie. »Für den Notfall.« Mutti meinte: »Wollen wir dann nicht lieber Rescue-Tropfen …?«, da fielen wir ihr beide ins Wort. »Die kannst du vergessen. Das ist hier ein schwerer Fall, da muss man was Richtiges einwerfen.« Wir entschieden uns für Diazepam. Jede schluckte eine Kapsel mit 10 mg, eine gute Dosis, um nur noch das Nötigste mitzukriegen. Das hatte allerdings den Nachteil, dass keine von uns mehr Auto fahren konnte. Mein Sohn musste uns in seinem kleinen knallroten Fiat bei Nieselregen und gräulichem Himmel zum Krematorium kutschieren, das in einem Industriegebiet am Stadtrand in einem wunderschön bepflanzten Park lag. Wir drei hockten zugedröhnt und wie eingefallene Säcke mit roten Augen auf den Sitzen. Wir waren fast schon angekommen, als mir einfiel, dass wir ein Gefäß mitbringen sollten. Ich hatte den Geschäftsführer des Krematoriums gefragt, ob er uns etwas Asche abfüllen könne, weil Knut sich schon immer gewünscht hatte, in Griechenland auf Paros im Wind zu verwehen. Offiziell wollten wir seine Urne aber in Berlin bestatten. »Fahr doch bitte mal auf die nächste Tankstelle, ich muss noch irgendwas finden, wo etwas von Knuts Asche rein kann.« Mein Sohn fuhr eine Shell an, ich torkelte rein und entdeckte doch tatsächlich eine Dose mit Knuts englischen Lieblingsdrops. Wie passend. Die kaufte ich und unterwegs lutschten wir alle Drops auf. So kam ein bisschen Knut in eine englische Dropsdose und wurde später in meinem Handgepäck im Flieger nach Griechenland überführt und dem Wind übergeben. Mit gerade mal 51 Jahren. Er hätte das wahrscheinlich sogar witzig gefunden, Knut war das Gegenteil von einem Spießer.

Deshalb suchten wir nach seinem Ableben einen alternativen Bestatter auf, der uns begeistert den Vorschlag machte, den toten Knut aus der Kühlkammer des sterilen Krankenhauses zu holen und noch ein paar Tage zu Hause hinzulegen, damit er sich ordentlich von uns verabschieden könne. Während ich spontan protestierte, »aber nicht ins Ehebett«, widersprach mein Sohn: »Och bitte, Mama …« – »Na gut, er kann ja ins Gästezimmer.« So bewohnte Knut noch drei Tage als Leiche unser Gästezimmer und ich wurde jede Nacht ein paar Mal wach, weil ich Geräusche hörte. Im Dunkeln ins Gästezimmer gehen mochte ich aber nicht. Es war so schon schwer genug. Ein Freund hatte mir berichtet, dass die Seele so kurz nach dem Tod orientierungslos durch die Gegend irrt. Und dass man deshalb den Leichnam noch eine Weile in gewohnter Umgebung lassen solle. Ob das die Geräusche waren?

Knut war völlig überraschend von uns gegangen. Er hatte Bronchialkrebs, aber es war nur ein Lungenflügel befallen und man riet uns zur Operation. Die Diagnose Krebs war natürlich heftig. Ich war völlig schockiert. Aber man machte uns Hoffnung, dass man auch mit einem Lungenflügel gut leben könne. Knut, mein sonst eher schweigsamer Mann, rief die gesamte buckelige Verwandtschaft und sämtliche Freunde an und teilte ihnen den Befund mit. Er teilte außerdem mit, dass er vorhabe, mindestens hundert Jahre alt zu werden und dass er guten Mutes sei. Ich wunderte mich.

Kurz vor seiner OP wiederholte sich das Ganze. Er rief noch mal alle an. Jeder wünschte ihm alles Gute und dass die OP erfolgreich sein möge. Als hätte er es geahnt. Die Operation überstand er auch ohne Komplikationen. Frühmorgens bekam ich einen Anruf aus dem Krankenhaus, dass Knut an einem schweren Herzinfarkt gestorben sei. Man habe ihn eine volle Stunde ergebnislos reanimiert. Das war ja nun ganz anders als geplant. Ich stand neben mir und konnte es nicht begreifen. Das Bewusstsein kommt ja hinter der Realität manchmal nicht gleich her. Ein ganz merkwürdiger Zustand. Und natürlich so was von unvorbereitet. Ich weckte meinen Sohn, der bestürzt aus dem Bett sprang und wie der Blitz angezogen war. Wir fuhren sofort ins Krankenhaus.

Dort hatte man Knut bereits in ein Einzelzimmer gebracht und ihn hergerichtet. Eine Kerze brannte und Blumen standen auf dem Nachttisch. Mir fehlten die Worte und ich sank auf seiner Bettkante in mich zusammen. Seine Hand, die ich streichelte, war schon nicht mehr warm. Mein Sohn fasste sich eher wieder. »Mutti, wir brauchen einen Bestatter.« – »Wie kommt man denn an so einen heran?«, fragte ich etwas hirnlos. Wer hat schon einen Bestatter im Kopf? »Ich google mal«, sagte mein Sohn und machte sich ans Werk. »Hier ist sogar einer in der Nähe«, informierte er mich nach exakt zwei Minuten. »Das ist ein alternatives Bestattungsinstitut. Soll ich anrufen?« Man ist in dem Moment so hilflos. Aber eins wusste ich. Ich wollte keinen x-beliebigen Bestatter und Knut auch nicht. Und so lernten wir den Mann kennen, der uns Knut ins Gästezimmer überführte.

Ein junger Typ, höchstens 40, lange Haare zum Pferdeschwanz gebunden, Jeans und kariertes Hemd unterm Sakko. Coole Cowboystiefel. Daran erinnere ich mich, weil Knut auf solche stand. Die Morgensonne durchflutete den Raum des Instituts mit hellem Licht. Die Fensterfront des Ladens lag mitten im Szeneviertel am Prenzlauer Berg. Auf dem Fußboden eine riesige schwarze Vase mit einer Rose, darum herum dunkelrote Herzen aus Pappe. »Wir dekorieren immer anders, oft steht hier auch ein bunt bemalter Sarg oder eine außergewöhnliche Urne«, erklärte der Bestatter.

Im Jahr 2005 hatte der Pädagoge das »Tränenreich« für »andere Bestattungen« in Berlin eröffnet. Mittlerweile hat er neun Mitarbeiter und zwei Filialen. Die Wände sind so leuchtend pink wie einige Urnen im Regal. »Alles, was mit Tod und Trauer zu tun hat, soll in der deutschen Bestattungskultur eigentlich aus unserem Blickfeld verschwinden«, erklärte uns der Mann. »Die Toten werden uns entrissen und in die Anonymität verbracht«, fuhr er fort. »Das muss anders werden, denn es tut uns nicht gut.« Deshalb sein Konzept: »Wir bemalen Särge mit Bildern der Angehörigen oder bekleben sie mit Fotos. Natürlich können Sie auch selbst einen Sarg bemalen.« Nein, das wollte ich sicher nicht, obwohl mein Sohn wieder maulte. Die Trauerfeier müsse auch nicht unbedingt auf einem Friedhof stattfinden. »Das kann im Tanzstudio, im Kino oder im Literaturhaus sein – wo man dem Verstorbenen eben nah sein kann.« Das war mir denn doch zu alternativ und ich setzte mich mit meiner Vorstellung von einer stinksoliden Urnenbestattung auf dem Friedhof und etwas Asche für Griechenland durch. Der Bestatter erklärte uns weiter: »Wir wollen die Trauernden von den Zwängen und Regeln befreien, ihnen Zeit für Trauer und Abschied geben.« Die Hinterbliebenen stünden bei ihnen im Mittelpunkt, nicht exakte Abläufe und Pläne.

Und so war es dann auch nicht der Bestatter oder sein Mitarbeiter, die Knut herrichteten, sondern mein Sohn, seine Oma und ich. Wir wuschen Paul, besprühten ihn reichlich mit seinem Boss Orange und zogen ihm Jeans und ein weißes Hemd an. Im Anzug wäre er nicht gerne gegangen, das wusste ich.

Das Ganze ist jetzt fünf Jahre her. Rückblickend muss ich sagen, dies war das Furchtbarste, was ich bis dahin in meinem Leben erlebt hatte. Das kam so überraschend, es überrollte mich geradezu. Es fing damals an mit einem Ausflug zu Freunden, als ich das erste Mal stutzig wurde. Als wir ankamen, sagte er, er wolle im Auto sitzen bleiben. Er könne nicht aussteigen. Wir fuhren wieder nach Hause. Dann ließ seine Sehkraft nach. Er wollte mit dem Bus zu einem Sportplatz und landete an der entgegengesetzten Haltestelle. Dann wurde er orientierungslos, und das war der Moment, wo ich sagte, komm, wir fahren ins Krankenhaus in die Notaufnahme. Abends hatten wir die Diagnose. Seine Verwirrung kam von zwei Kopfmetastasen, die man operieren konnte. Als man meinem Mann das Untersuchungsergebnis mitteilte, sah ich einen Schmerz in seinen Augen, den ich nie vergessen werde. Noch während ich an den Tatsachen zu knabbern hatte, vertauschte er die Rollen. Er war derjenige, der mich tröstete, statt umgekehrt. Bis auf diesen kurzen Schmerz im Blick war er sehr stark. Stärker als ich. Ja, und dann war er plötzlich weg. So von heute auf morgen.

Wenn ich an ihn denke, ist er immer auf Paros. Doch wenn ich in Griechenland bin, ist er komischerweise weit weg. Ich gehöre zu den Frauen, die eigentlich keinen Mann brauchen. Ich komme gut mit mir selbst klar und mache ungern Kompromisse. Deshalb ist es auch nicht mein Ziel, einen neuen Partner zu finden. Die Zeit mit meinem Mann betrachte ich als Geschenk. Einen anderen Mann will ich nicht.

▶ Die Wahl des Bestattungsinstituts

Die Wahl des Bestattungsinstituts ist für die spätere Erinnerung und die Verarbeitung des Todes immens wichtig. Die Erinnerung an den Tag bleibt ein Leben lang. Wer an eine »schöne«, dem Verstorbenen durch Musik, Dekoration, Grabbeigaben und treffende Worte gerecht gewordene Bestattung zurückdenkt, wird durch seinen Abschied gestärkt. Denn sie hinterlässt als Abschluss ein gutes Gefühl. Oft ist es aber reine Glückssache, an ein gutes Bestattungsinstitut zu geraten, denn der Trauernde ist gar nicht in der Lage, zu suchen und zu vergleichen. Deshalb ist es hilfreich, Rat im Freundes- und Bekanntenkreis zu suchen, statt den Erstbesten aus dem Branchenverzeichnis zu nehmen. Ungute Gefühle und spontane Abneigung sollte man auf jeden Fall ernst nehmen und, obwohl es Kraft kostet, nach einem Unternehmen suchen, das einem angenehmer und angemessener erscheint. Hier geht es mehr um ein gutes Bauchgefühl und nicht darum, dass man lediglich alle technisch-organisatorischen Dinge aus der Hand genommen bekommt. Viele Bestatter sind nämlich sofort zur Stelle und »entfernen« den Verstorbenen möglichst zügig, entreißen ihn sozusagen, ehe man noch dazu kam, sich so zu verabschieden, wie es dem eigenen Bedürfnis entsprochen hätte.

Ein einfühlsamer Bestatter sollte einen darauf aufmerksam machen: Niemand muss in Deutschland innerhalb von einer Woche beerdigt werden – kein Grund für übereilte Entscheidungen also. Deshalb muss auch niemand innerhalb kürzester Zeit eingesargt und abgeholt werden. Alternative

Bestatter verzichten darauf, den Angehörigen alle Zügel aus der Hand zu nehmen. »Wir raten den Angehörigen immer, die Toten noch einmal zu sehen – auch wenn das oft schwerfällt«, sagt beispielsweise Christian Hillermann, alternativer Bestatter in Hamburgs Szeneviertel Schanze, auf der Internetseite seines Instituts Trostwerk (www.trostwerk.de). Das letzte persönliche Abschiednehmen sei ein wichtiger Teil der Trauerarbeit, weil es helfe, den Tod wirklich zu begreifen. Traditionell gehört es zu den Aufgaben eines Bestatters, Tote ästhetisch und hygienisch für eine Aufbahrung herzurichten. »Daher verändern wir auch nicht das Aussehen der Toten, um sie besonders schön oder lebendig aussehen zu lassen«, sagt Hillermann, »das wäre ein respektloser Eingriff am Körper der Toten.«

Im Trostwerk auf der Schanze beispielsweise arbeiten ausschließlich Quereinsteiger – vom Psychologen bis zum Soziologen. Jeder geht auf seine Art mit den Herausforderungen des Berufs um. Wichtig bei der Mitarbeiter-Auswahl sind für Christian Hillermann Lebenserfahrung und Einfühlungsvermögen. »Was wir hier leisten, das kann man nicht in einer klassischen Ausbildung lernen«, findet er. Die gibt es für Bestatter erst seit 2003. Was letztlich zählt, ist Erfahrung und Einfühlungsvermögen.

Das letzte Glas war eins zu viel
Wenn der Alkohol die Organe zerstört

Eine Flasche Wodka pro Tag, oh Mann, das konnte nicht ewig gut gehen. Und er lag nicht lallend in der Ecke oder pöbelte herum. Die Dosis brauchte er, um als Werber zu funktionieren. Er fotografierte vor allem Modeproduktionen. Keiner hat ihm etwas angemerkt. In meiner Gegenwart trank er in Maßen. Ich sah ihn zum Schluss sowieso nicht mehr oft, denn er besaß in seiner Agentur ein angeschlossenes bewohnbares Zimmer mit kleiner Küchenzeile und Bad. Ganz innigen Kontakt hatten unsere Tochter und er. Sie nahm Papi immer in Schutz und stellte sich vor ihn, wenn wir mal wieder Auseinandersetzungen hatten.

Er konnte sehr aggressiv werden, und dann wurde es laut bei uns. Es flog auch gelegentlich Geschirr durch die Wohnung. »Italienische Verhältnisse« nannte er diese Ausbrüche verharmlosend. Aber er kam immer seltener nach Hause. Ich vermutete, dass er eine Freundin hatte. Fremdgegangen war er schon ein paar Mal. Ich wollte aber nicht gleich die Scheidung wegen unserer Kinder.

Dann stellte man ihm die Diagnose Leberkrebs in Verbindung mit Leberzirrhose. Dazu entdeckte man, dass seine Speiseröhre perforiert war und sich Krampfadern gebildet hatten. Er hatte einen Arztbesuch so lange hinausgeschoben, bis es fast zu spät war. Sofort wollte man ihn auf die Warteliste für eine Spenderleber setzen. Dafür hätte er aber mit dem Trinken komplett aufhören müssen. Das wurde kontrolliert.

Spenderorgane für Transplantationen sind sowieso knapp. Starke Raucher, Alkoholiker oder Drogenabhängige haben nur unter bestimmten Voraussetzungen eine Chance, auf die Warteliste für ein Spenderorgan zu kommen. So müssen Alkoholiker mindestens sechs Monate trocken sein und ein psychologisches Gutachten muss einen Rückfall nach der Transplantation weitgehend ausschließen. Diese Voraussetzungen hat mein Mann nicht erfüllt. Er hielt sich phasenweise vom Alkohol fern und behauptete dann, er sei jetzt absolut clean, schaffte es aber keine sechs Monate, die Finger von der Flasche zu lassen, und setzte seinen Selbstmord in Raten fort. Es war bitter, das mit anzusehen.

Absehbar war, dass er ins Krankenhaus kam. Man versuchte noch das ein oder andere, aber eigentlich war schnell klar, dass er das nicht überleben würde. Auch er erkannte das und fiel in eine tiefe Depression. Bei einem unserer letzten Gespräche gestand er mir, wie viel er tatsächlich getrunken hatte. Ein Wunder, dass seine Organe das überhaupt mitgemacht hatten. Auch die hochempfindliche Bauchspeicheldrüse.

Dadurch, dass er in seiner eigenen Bleibe wohnte, war der Abstand zwischen uns auch recht groß. Ich lebte mit den

Kindern auf dem Land. Das Krankenhaus, in dem er lag, war eine Autostunde von uns entfernt.

Am Tag seines Geburtstages, meine Tochter wollte ihn sowieso besuchen und hatte schon einen Blumenstrauß besorgt, kam ein Anruf aus dem Krankenhaus. »Ihr Mann liegt im Sterben. Wir geben ihm höchstens noch eine Stunde. In seiner Speiseröhre ist eine Krampfader geplatzt, er verblutet.« Wie sollte ich das schonend meiner Tochter beibringen? Sie bemerkte mein Entsetzen sofort und rief: »Ich will auf der Stelle zu Papi!« Sie schrie und weinte, und was sollte ich anderes tun? Die Situation war aussichtslos, aber ich brachte es nicht fertig, meinem Kind zu sagen, es hat keinen Zweck mehr hinzufahren. Ich konnte nicht einfach stillhalten und nichts tun. Wir beide also kopflos ins Auto. Ich riss noch einen Schreibblock vom Schreibtisch und einen dicken roten Filzstift. Dann düsten wir los, mit 200 Sachen und Warnblinkanlage. Meiner Tochter sagte ich: »Male ein dickes rotes Kreuz auf das Papier und halte es in die Fensterscheibe. Vielleicht merken die Leute so, dass es ein Notfall ist.« Dumpf, wie die meisten Menschen sind, hupten sie uns nach Überholmanövern noch wütend hinterher. Ich in Panik, mein Kind ununterbrochen schluchzend, es war grauenhaft. An einer roten Ampel stieg der Hintermann aus, lief zu uns und sagte: »Ich bin vom Roten Kreuz. Wohin müssen Sie? Ich halte Ihnen mit Blaulicht die Straße frei.« So fuhren wir wie die Blöden und lieferten uns einen Wettlauf mit dem Tod. Ich war dem Mann so dankbar.

Zehn Minuten, bevor wir ankamen sagte meine Tochter: »Mami, wir müssen nicht mehr rasen. Papi ist tot. Er ist gerade gestorben. Ich spüre das.« Ich bekam eine Gänsehaut, mit welcher Bestimmtheit mein Kind das sagte. Und sie hatte sich nicht getäuscht. Als wir aus dem Fahrstuhl auf die Station stürmten, kam uns ein Arzt entgegen und sagte: »Er ist vor zehn Minuten für immer gegangen.« Meine Tochter schrie: »Ich will zu ihm!« Das durfte sie. Ich wollte ihn nicht noch einmal sehen.

Der Arzt berichtete mir, man habe ihn noch intensivmedizinisch behandelt und ihm Blutkonserven gegeben. Es habe nichts mehr genützt. Ich hatte nun die schwere Aufgabe, meinen Sohn anzurufen, der seinen Papi auch innig geliebt hat. Die Beziehung zu seinen Kindern hatte er gut hinbekommen, war oft mit den beiden verreist und hat sich viel um sie gekümmert. Als Vater war er klasse.

Als ich mich nach Stunden mit meinem weinenden Kind auf den Rückweg machte, überlegten wir, welche Bestattungsart wohl am besten zu ihm passen würde. Er war kein Mann für den Friedhof. Dazu war er zu unkonventionell. Gläubig war er auch nicht. »Was hältst du von einer Ballonbestattung? Ich glaube, das würde Papa gut finden.« – »Muss ich mir noch überlegen«, meinte mein trauriges Kind. Am nächsten Tag kam sie mit der Idee, dass sie ihren Vater am liebsten in der Urne in ihrer Wohnung aufstellen würde. Es gibt Bestatter, mit denen man trotz des hierzulande herrschenden Friedhofszwangs einen Deal machen kann, und so steht Papi bis heute im Wohnzimmer seiner Tochter und sie ist immer noch nicht bereit, ihn rauszurücken. Vielleicht später mal. Bestatten können wir ihn ja immer noch.

▶ Organtransplantation

Eine Organtransplantation ist oft die letzte Chance, ein Leben zu retten. Doch die Spendenbereitschaft hält sich in Grenzen und Skandale in der Transplantationsmedizin haben sie noch einmal deutlich gesenkt. Jährlich sterben etwa 1000 schwerstkranke Menschen in Deutschland, weil sie nicht rechtzeitig ein Spenderorgan erhalten. Am Bedarf gemessen fehlt es vor allem an Herzen, Lungen, Nieren und Lebern. Die Skandale haben aufgezeigt, wie hart der Verteilungskampf dabei ist. Zentrale transparente und präzise Regeln für die Reihenfolge der zu Versorgenden mit Spenderorganen sind also unerlässlich, damit kein Missbrauch entsteht.

In vielen Fällen bleibt den Ärzten die schwierige Gewissensentscheidung zwischen mehreren Organempfängern erspart, weil nur in einem Fall das Organ hundertprozentig zum Empfänger passt. Denn Blutgruppe und Gewebemerkmale müssen mit denen des Spenderorgans übereinstimmen.

Wenn mehrere Kandidaten infrage kommen, gibt es bei Eurotransplant eine Liste, der man den Schweregrad und die Dringlichkeit der Organspende für die Rettung eines Lebens entnehmen muss. Jemand, der bald zu sterben droht, hat keine zweite Chance.

Es ist eine ständige Diskussion, ob man nicht lieber leichteren Fällen, also Patienten, die noch nicht so schwer krank und vielleicht noch jünger sind, ein Organ zukommen lässt. Menschen, die noch nicht so lebensbedrohlich erkrankt sind, dass auch noch das Risiko besteht, dass sie die Operation vielleicht nicht überleben. Oder sind die besten Kandidaten gar eher Kinder, weil sie noch viel länger mit dem Transplantat leben können? Überzeugende Argumente für die eine wie die andere Seite gibt es genug.

Die Bundesärztekammer (BÄK) hat vor Kurzem in Richtlinien für jedes Organ medizinische Indikationen aufgelistet, die eine Transplantation rechtfertigen oder auch nicht. Eine Infektion mit dem Aids-Virus beispielsweise oder auch eine Leberzirrhose, verursacht durch Alkoholmissbrauch, schließt, sofern der Erkrankte weitertrinkt, die Aufnahme in eine Warteliste aus medizinischen Erwägungen grundsätzlich aus. Auch Krebsleiden oder Herz- und Gefäßerkrankungen können je nach Organ ein Ausschlusskriterium sein.

Es gibt nichts, was es nicht gibt

Von Organentnahmen und tropfenden Särgen

Die Bremer Bestatterin Barbara Rose

Der Tod in unserer Gesellschaft ist alltäglich und dennoch ein Tabu. Menschen beschäftigen sich meist erst dann mit ihm, wenn sie selbst betroffen sind. Viele lässt der Verlust eines Menschen in ein schwarzes Loch fallen, in dem es keine passenden Rituale mehr gibt, um Abschied und Trauer angemessen zu gestalten. Neben Trauer gibt es Wut, Erleichterung, Schock und auch schwarzen Humor. Alles darf sein. Trauer ist die Reaktion auf Verlust. Jeder Mensch trauert anders. Mein Anliegen ist es, gemeinsam mit den Angehörigen neue Wege zu gehen, den passenden Rahmen für einen Abschied zu finden, der individuell ist und zum Verstorbenen und den Angehörigen passt. Dabei ist alles möglich. Es darf laut und bunt gefeiert werden, es darf geklagt werden, es darf gebastelt werden. Es kann eine in der Tradition der Kirche gestaltete Feier sein, aber auch eine Trauerfeier mit Rockmusik und Vereinsflagge, in bedruckten T-Shirts und Jeans.

Ich hatte einmal eine Feier, da trugen alle Trauergäste Dirndl und Tracht. Es können humorvolle Reden gehalten werden, die auch mit schwarzem Humor gewürzt sein dürfen. Es darf geflucht und beschimpft werden. Ich hatte mal eine Gesellschaft, da wurde gepöbelt: »Wir sehen uns im Himmel wieder, du Arschloch!« Das war durchaus liebevoll gemeint. Es kann genauso gut eine leise spirituelle Beisetzung werden, mit meditativer Musik, farbenfrohen Gewändern oder Tanz. Die Individualität des Verstorbenen kann durch Farben, Bilder, Musik, religiöse Rituale und eine einzigartige Urne oder einen selbst bemalten Sarg ausgedrückt werden. Jeder Mensch ist anders und alles ist möglich.

Die Unterschiede fangen für uns Bestatter schon an, wenn wir die Verstorbenen abholen. Manche liegen sauber und friedlich in ihren frisch bezogenen Betten. Andere haben den im Todeskampf zum Röcheln noch aufgerissenen Mund und starre Augen, die sie nicht schließen konnten, liegen da, abgestrampelt in bespuckten Schlafanzügen, und bieten einen nicht gerade ästhetischen Anblick.

Ich kümmere mich zuerst um die Hinterbliebenen. Wie geht es ihnen? Kann ich sie unterstützen? Wir wissen nie, in welchem Zustand die Angehörigen sind. Sind sie tieftraurig, versteinert, schockiert, erleichtert oder völlig nüchtern? Deshalb lasse ich den Leichnam nicht einfach durch mein Personal, zwei Männer in dunklen Anzügen, abholen, sondern komme immer persönlich mit. Möchten die Angehörigen, dass wir den Toten an Ort und Stelle herrichten, wollen sie dabei sein, wollen sie mit anfassen? Sollen wir ihn schon zu Hause umziehen? Die einen sollen in der Lederhose in den

Sarg, andere in ihrem Hochzeitsanzug. Manche auch im Leichenhemd.

Wenn die Leichenstarre bereits eingesetzt hat, hat man früher die Knochen gebrochen. Man erreicht aber auch durch Massage wieder eine gewisse Biegsamkeit.

Das kann notwendig sein, wenn zum Beispiel ein letzter Kuss auf die geschlossenen Lippen gedrückt werden soll, durch die Leichenstarre aber der Mund geöffnet ist. Viele möchten einen Verstorbenen noch einmal fotografieren, um später zu zeigen, dass er friedlich eingeschlafen ist.

Dann müssen wir prüfen, ob wir den Sarg aus der Wohnung und durch das Treppenhaus bekommen? Müssen wir Möbel rücken? Wir hatten gerade mit einem 260-Kilo-Mann zu tun, der verstorben war. Den mussten acht Feuerwehrleute mit einem Spezialkran aus dem Fenster hieven. Ich habe einen Sarg in Übergröße anfertigen lassen. Den habe ich in der Kapelle mit Hilfe von Dekoration so drapiert, dass er nicht zu monströs aussah.

Wenn wir Menschen aus dem Krankenhaus abholen, haben sie oft noch Kanülen in den Adern, tragen ein Krankenhaushemd und waren schon auf einer Bahre in eine Kühlkammer geschoben worden. Auch nicht gerade würdevoll.

Nach Unfällen sind die Menschen oft entstellt, blutüberströmt mit verrenkten Gliedmaßen, versehrt und verletzt. Oder wenn sie ertrunken sind, aufgedunsen und blau angelaufen, je nachdem, wie lange sie im Wasser waren. Jedenfalls in einem Zustand, in dem die Angehörigen sich auf keinen Fall verabschieden können.

Wir haben gerade einen jungen Mann bestattet, der depressiv war und sich erhängt hatte. Blutrote Striemen zogen sich über Hals und Ohr. Auf den Sarg hatte seine blutjunge Freundin geschrieben: »Ich bin so traurig, dass wir den Frühling nicht mehr gemeinsam erleben. Ich werde dich immer lieben.« Das ist schon herzzerreißend.

Es gibt durchaus auch nette Geschichten. Eine Frau verlor ihren Mann, der Alkoholiker war und an Leberzirrhose gestorben war. Sie war einerseits froh, die Last losgeworden zu sein. Andererseits hatte sie ihn auch geliebt. Nun hatte sich der Trauerkreis etwas Bizarres einfallen lassen. Die haben ihm ein Pinnchen Kümmerling in den Sarg gekippt. Das war schwarzer Humor, aber durchaus liebevoll gemeint.

Ich lasse auch unkonventionelle Abschiede zu. Eine Witwe, die einen von ihr sehr geliebten Mann verlor, wollte ihn ganz allein bestatten. Er hatte sich gewünscht eingeäschert und im Urnenwald beigesetzt zu werden. Sie bat mich, ihr die Urne mit seinen Überresten zu überlassen, bis sie sich verabschiedet hatte und ihn loslassen konnte. Sie gestaltete einen sehr aufwändigen Sargschmuck, schrieb ihm einen Brief, den er mitnahm und war anwesend, bis der Sarg im Ofen entschwunden war. Die Einäscherung dauert etwa drei Stunden. Anschließend nahm sie die noch warme Urne von mir in Empfang und fuhr damit nach Hause. Sie legte sich mit der Urne in das gemeinsame Ehebett und verabschiedete sich mit einer innigen letzten Nacht. Danach war sie bereit, loszulassen. Sie übergab mir die Urne wieder und wir bestatteten ihn.

Ein richtiges Hardcore-Erlebnis hatte ich bei einer zierlichen und unscheinbaren alten Dame. Sie hatte nach dem

Krieg einen tyrannischen, geizigen Mann geheiratet. Darunter hat sie ein Leben lang gelitten. Am Telefon bellte sie regelrecht: »Holen Sie ihn fix ab.« Wir beeilten uns. Der Mann war in seinem Bett eingeschlafen. Sie hatte ihn bis zum Tod gepflegt. Zur Begrüßung sagte sie: »Entschuldigen Sie, dass ich nicht traure. Ich habe mein ganzes Leben geglaubt, dass ich vor ihm sterbe. Ich hätte nie gedacht, dass der Alte freiwillig zuerst geht.« Sie bestand nicht nur darauf, den Deckel selbst zu schließen, sondern wollte auch noch mit Schmackes die Schrauben selbst eindrehen. Als wir den Sarg durch das Treppenhaus trugen, ging beim Nachbarn die Tür auf. Die alte Dame schmetterte: »Es ist vollbracht!« Der Nachbar haute mit der Faust auf den Sarg und rief: »Endlich trifft es den Richtigen.« Der Ehemann hatte richtig Geld gehortet und seine Frau konnte sich noch ein paar schöne, sorgenfreie Jahre machen.

Es gibt auch sehr tragische Fälle. Einmal trugen wir einen jungen Mann, der an einem Hirntumor gestorben war, zu Grabe. Seine Frau erwartete gerade das erste Kind. Sie war regelrecht gebrochen. So voller Verzweiflung. Als die Urne in die Erde gelassen wurde, schrie und tobte sie markerschütternd. Sie konnte gar nicht aufhören. Immer wieder schrie sie: »Es ist so verdammt unfair!« Und dann weinte und klagte sie. Das ist in Ordnung und man muss als Bestatter auch diesen Schmerz aushalten. Manche müssen ihren Schmerz laut rausschreien. Für diese Frau war der Tod wie eine Amputation. Man kommt an die Basis dessen, was im Leben zählt.

Als Bestatter wird man in die intimsten Gewohnheiten eingeweiht. Es gibt viele ungewöhnliche Grabbeigaben, vor allem, wenn sie sehr persönlich sind. Eine Witwe erzählte mir, ihr Mann sei ein Busenfetischist gewesen und hätte große Brüste geliebt. Sie hat ihm ihren schönsten und teuersten Designer-BH in den Sarg gelegt, 85 F. Oder eine junge Frau hat ihrem Mann ihr Hochzeitskleid mitgegeben. Es kommt auch öfter vor, als man denkt, dass der Lieblingsdildo in den Sarg gelegt wird. Da muss ich darauf achten, dass die Batterie herausgenommen wurde. War sie in einem Fall natürlich nicht und bei der Vorstellung, wie das Ding bei der Einäscherung explodiert wäre, mussten wir alle unfreiwillig lachen. Es sind halt oft ganz intime Dinge, die in den Sarg wandern, und nur der Hinterbliebene kann etwas damit anfangen. Eine Witwe hat ihrem Mann sogar seine Lieblingsunterhose mitgegeben. Warum auch immer. Ein Harley-Fahrer hat seinen Auspuff mit ins Grab genommen. Der Sarg wurde nicht im Leichenwagen, sondern auf einer extra dafür konstruierten Harley mit Beifahrermöglichkeit zum Friedhof transportiert und 70 Harleys fuhren hinterher. Sehr ergreifend, so ein letztes Geleit.

Bei Unfallopfern müssen wir für die Verabschiedung am offenen Sarg oft Arme, Hände, Nasen, ja ganze Gesichter rekonstruieren. Das ist eine hohe Kunst, die Thanatologie. Wir arbeiten mit Wachs und Schminke. Wir hatten neulich einen jungen Vater, der bei einem Jagdunfall ums Leben gekommen war. Eine komplette Gesichtshälfte war zerstört. Seine Frau und seine Eltern wollten ihn noch einmal sehen und sich verabschieden. Wir haben den Mann leicht seitlich gebettet und den Sarg so gestellt, dass man nur die heile Seite betrachten konnte. Wir hatten sein Gesicht, so gut es ging, rekonstruiert. Man konnte die Zerstörung nicht mehr sehen. Ähnliches gab es bei einem Soldaten, der beim Manöver erschossen worden war. Schrecklich.

Ein heikles Thema sind Organentnahme oder Obduktion. Solche Verstorbene hat man dann häufig regelrecht ausgeschlachtet und die Nähte sind in der Eile schlecht gearbeitet. In solch einem Fall muss der Verstorbene in Zellophan eingewickelt und der Sarg mit einer speziellen Folie ausgelegt werden. Es ist leider Bestatter-Alltag, und wenn man nicht aufpasst, tropft es bei der Trauerfeier aus dem Sarg.

Ich habe es auch manchmal mit jungen Witwen zu tun, die derart unter Druck gesetzt wurden, beim Verstorbenen Organe entnehmen zu lassen, dass die Frauen völlig traumatisiert sind. Eine berichtete mir, dass sie, bevor sie ihren hirntoten Mann noch einmal sehen durfte, gedrängt wurde, die Einwilligung zur Organentnahme zu unterschreiben. »Dieses Herz brauchen wir dringend für einen jungen Mann.« Sie bestand dann darauf, dass sie bei der Entnahme zugegen sein durfte. Beim Blick auf den Monitor erlebte sie, wie die Hirnströme aussetzten. Man hatte ihr vorher keine Gelegenheit gegeben, sich von ihrem noch unversehrten Mann in Ruhe und allein zu verabschieden. Ihn in den Arm zu nehmen. Ihm letzte Worte mitzugeben. Zu seiner Seele zu sprechen. Diese Frau ist bis heute schwerst psychisch traumatisiert. Sie erzählte mir weinend: »Ich hatte das Gefühl, dass ich das Herz meines Mannes herausreißen lasse und einfach weggebe.« Sie kritisiert immer noch, wie massiv sie unter Druck gesetzt wurde, und kann sich das nicht verzeihen. Leider dürfen Ärzte das, wenn ein wertvolles Organ dringend gebraucht wird. Man hat diese Witwe um ihren Abschied und ihre Trauer betrogen. Für mein Gefühl ist ein solcher Umgang nicht nur brutal für die Witwe, sondern auch pietätlos dem Verstorbenen gegenüber, denn es stellt eine gravierende Störung der Totenruhe dar.

Mir ist sowohl der würdevolle Umgang mit dem Toten selbst, als auch der angemessene Umgang mit den Hinterbliebenen wichtig. Da darf man weder nachlässig noch spießig sein oder Vorurteile haben. Der Tod darf genauso ausgefallen, bunt und laut zelebriert werden wie das Leben.

▶ Organspende

Beim Organspenden muss es in der Regel schnell gehen. Ist eine Person hirntot, muss eine eilige Entscheidung getroffen werden. Voraussetzung für eine Organspende ist immer zuerst die Feststellung des Hirntods. Da in 99 Prozent der Todesfälle jedoch zuvor das Herz stehen bleibt, sind nur die wenigsten Verstorbenen potenzielle Organspender (www. organspende-info.de).

Jeder fünfte Deutsche besitzt einen Organspendeausweis. »Die große Mehrheit der Ausweisbesitzer ist damit einverstanden, dass ihre Organe im Todesfall gespendet werden, nur ein geringer Prozentsatz lehnt eine Organspende ab«, wie die Sprecherin der Deutschen Stiftung Organtransplantation (DSO), Birgit Blome, der Nachrichtenagentur dapd sagte.

Im Durchschnitt kann ein Spender drei Organe geben und somit drei Leben retten. Jugendliche ab 16 Jahren können mit einem Organspendeausweis ihre Spendenbereitschaft ausdrücken, schon ab dem 14. Lebensjahr können sie einer Spende nach ihrem Tod widersprechen, wie es im deutschen Transplantationsgesetz festgeschrieben wurde. (http://www.aerzteblatt.de/nachrichten/47875/Jeder-fuenfte-Deutsche-hat-einen-Organspendeausweis)

Sollte der Verstorbene keinen Organspendeausweis haben, aber für eine Spende in Betracht kommen, führt der zuständige Arzt Gespräche mit den Angehörigen. An diesen ist es nun, zu entscheiden, ob es im Sinne des Verstorbenen wäre, Organe zu spenden. Eine äußerst ambivalente Situation, die von dem Gesprächspartner die Fähigkeit verlangt, die richtigen Worte zu finden. Er oder sie muss in der Lage sein, eine Ebene des Vertrauens zu finden. Leider gibt es genügend Fälle, wo dies nicht gegeben ist. Um Angehörige nicht in eine solche Konfliktsituation zu bringen, wäre es tatsächlich sinnvoll, einen Organspendeausweis bei sich zu tragen, in dem genau vermerkt ist, ob überhaupt und wenn ja, was der Verstorbene zu spenden bereit ist.

Der Hero gibt den Löffel ab

Wenn Reanimation erfolglos bleibt

Er war der Typ »Leader of the gang«. Ein Macher und Bestimmer. Waren wir eingeladen, hingen alle an seinen Lippen. Ich kannte ihn schon aus der Schule, und als wir 16 waren, verliebten wir uns und gingen fortan miteinander. Erst als es etwas Festes war, hatten wir Sex. Mein Prinzip war: Ich schenke meine Jungfernschaft nur einem ganz besonderen Menschen. In jungen Jahren unternahmen wir Weltreisen. Mit Rucksack und »Round-the-World-Tickets«. Wir wussten nicht, wo wir am nächsten Tag sein würden. Wir besuchten alle Kontinente, lernten Kulturen, Land und Leute kennen.

Als wir neun Jahre zusammen waren, kündigte sich unsere Tochter an. Die Frage: »Heiraten?« beantworteten wir mit: »Nö, muss nicht.« Aber die Verwandtschaft wirkte dann doch darauf hin, dass wir uns trauen ließen. In meinen Mann war ich immer verliebt. Jedes Mal kribbelte es im Bauch, wenn ich seinen Hausschlüssel im Schloss hörte. Die Schmetterlinge im Bauch haben nie nachgelassen. Wir saßen noch nach zehn Jahren abends beim Fernsehen händchenhaltend und aneinander gekuschelt auf dem Sofa. Ich dachte oft, ich habe großes Glück mit der Liebe. Wenn andere sagten: »Du hast dir ja noch gar nicht die Hörner abgestoßen, du kennst ja nur ihn«, antwortete ich: »Warum sollte ich? Ich bin glücklich.« Es gab einen kleinen Wermutstropfen. Ich hätte gern mehr Sex mit meinem Mann gehabt. Ich dachte nach, machte einen Plan und kaufte schwarze Reizwäsche. Damit überraschte ich ihn abends im Schlafzimmer mit klopfendem Herzen. Er musterte mich kurz und fragte dann arglos: »Ist Oma tot?« So schnell war ich noch nie unter die Bettdecke gekrochen. Ich fand mich damit ab. Alle sagten: »Er trägt dich auf Händen.« Ich fühlte mich auch abgöttisch geliebt und dachte, okay, ich kann nicht alles haben.

Als unsere Tochter da war, sparten wir auf ein Haus. Darin hat mein Mann noch sechs Jahre mit uns gewohnt. Die Rollenteilung war klar. Ich behielt lediglich einen 400-Euro-Job und er war der Ernährer der Familie. Ich passte mich ihm sehr an, was mir aber nichts ausmachte. Nur ein einziges Mal habe ich meinen Willen durchgesetzt. Ich bin leidenschaftliche Tennisspielerin und wurde von meinem Verein gefragt, ob ich Lust hätte, die Mannschaftsmeisterschaften mitzuspielen. Das bedeutete, öfter unterwegs zu sein. Das fand mein Mann nicht gut, aber ich machte ihm unmissverständlich klar, dass ich in diesem einen Fall nicht nachgeben würde.

Mein Mann klagte eines Tages über Schmerzen im Arm und Seitenstiche und er hatte zu hohen Blutdruck. Keiner konnte das interpretieren. Mein Mann strotzte vor Gesundheit, war fit wie ein Turnschuh, machte Sport, ernährte sich gesund und rauchte und trank nicht. Abends hatten wir Bratkartoffeln gegessen und danach klagte er über Sodbrennen. »Ich brenne innerlich«, nannte er das. Er ging vor mir zu Bett. Als ich nachkam, schlief er und röchelte dabei ein wenig. Ich schlief zwar auch bald ein, wurde jedoch von seinen Geräuschen wach, stupste ihn an und fragte: »Träumst du schlecht?« Er schnarchte sonst nie. Schließlich machte ich Licht und sah, dass er leblos war. Er atmete nicht mehr. Ich schoss in die Höhe, fing sofort mit der einen Hand Herzdruckmassage an, an die ich mich noch aus dem Erste-Hilfe-Kurs erinnerte. Mit der anderen Hand rief ich den Notarzt an. Ich schrie nach meiner Tochter, die in der Etage unter uns noch über Kopfhörer Musik hörte und nicht sofort reagierte. Als sie schließlich im Nachthemd im Türrahmen stand, rief ich: »Schau bei den Nachbarn, wo noch Licht ist, und klingle dort. Papa geht es ganz schlecht. Und dann warte unten auf den Notarzt.«

Gott sei Dank kam ein Nachbar im Laufschritt rüber, der war Rettungssanitäter. Er beruhigte mich: »Keine Sorge, den holen wir zurück«, übernahm die Herzmassage und machte zusätzlich Mund-zu-Mund-Beatmung. Bis der Rettungswagen mit dem Notarzt kam, dauerte es eine Ewigkeit. Ich wurde mit meiner Tochter nach unten geschickt. 40 Minuten lang versuchten alle nach Leibeskräften, ihn zu reanimieren. Ich war guten Glaubens, dass einer runterkam und sagen würde: »Alles okay, du kannst zu ihm.« Stattdessen kam unser Nachbar, nahm mich in den Arm und sagte: »Wir haben alles getan, was möglich war. Er ist von uns gegangen.« Es ist unbeschreiblich, wie ich mich fühlte. Das ist ein solcher Schmerz.

Der Notarzt gab mir eine Beruhigungsspritze und meine Freunde nahmen meine Tochter und mich mit nach Hause.

Ich fiel in ein sehr tiefes Loch und kann mich an das, was kam, kaum erinnern. Alles regelten meine Freunde für mich. Ich weiß nicht einmal mehr, wer auf seiner Beerdigung war. Es kommt mir vor wie ein schlechter Film, an den man sich nicht erinnern will. Ich weiß nur noch, dass ich darauf bestand, dass er obduziert wurde. Das Ergebnis: ein Herzinfarkt, der sofort zum Tod geführt hatte. Er war gerade 46 Jahre alt.

Ich wollte schnell wieder nach Hause und nur die Routine, meine Tochter zur Schule zu schicken, einzukaufen, Essen zu machen, konnte ich mit letzter Kraft einhalten. Den Rest des Tages saß ich auf dem Sofa, wollte keinen sehen und keinen hören, schüttete Alkohol in mich rein, weinte Stunde um Stunde und dachte darüber nach, wie ich mir das Leben nehmen könnte. Das dauerte volle vier Monate. Ich war zu nichts zu gebrauchen. Alle machten sich Sorgen, aber ich war nicht ansprechbar. Eines Tages – ich war wieder ganz unten – meinte ich plötzlich die Stimme meines Mannes zu hören: »Bist du verrückt, dich so gehen zu lassen. Wir haben eine Tochter, die dich braucht. Hör auf mit deinen Selbstmordideen.« Das Radio lief und er schickte mir das Lied »It's a beautiful Sunday« von Daniel Boone. Das musste er gewesen sein, denn er ist an einem schönen Sonntag gestorben. Und wir beide mochten den Text so sehr, es war sozusagen unser Lied.

Der Song und die Überzeugung, dass er mir ein Zeichen geschickt hatte, weckten meine Lebensgeister und ich willigte ein, eine Kur zu machen. Dort hatte ich in der ersten Gruppensitzung einen Totalzusammenbruch. Ich weinte, schrie, tobte, weinte über Stunden und Tage. Es war, als wäre mir mein Herz herausgerissen worden. Man ließ mich. Irgendwann waren die Tränen verweint. Der Schmerz war noch da, das ist er bis heute, aber ich wurde wieder Schritt für Schritt lebensfähig.

Was mir nach der Kur half, war ein geplantes Mannschaftsturnier, in das mich meine Vereinskameraden einbezogen, und nach etwa fünf Monaten hatte das Leben mich wieder. Ich konnte endlich meine Tochter fragen: »Wie fühlst du dich? Was ist mit deinem Schmerz?« Leider verschloss sie sich, und das bis heute. Ich kam in dem Punkt nie richtig an sie heran. Sie hat ihr eigenes Leid über den Verlust ihres Papas total zurückgestellt. Und es wohl auf ihre Weise gelöst. Sie sagte sogar einmal zu mir: »Mama, das alles wollen wir jetzt ganz schnell vergessen.« Mein starkes Mädchen. Ihr bin ich leider gar nicht gerecht geworden.

Ich habe mich schließlich in einen Mitspieler verliebt und der machte mich sexuell zur Frau. Er hat mein Frausein sozusagen so richtig geweckt. Ich war zu der Zeit 43 Jahre alt und er hat sich rührend um mich gekümmert. Ich kannte bis dahin ja nur meinen Mann. Die Affäre dauerte zwar nur drei Monate, aber ich war dankbar für die neue Erfahrung. Der Schmerz über den Verlust meines Mannes kommt wellenförmig. Manchmal sind die Intervalle länger, manchmal kürzer. Vergehen wird er nie und ich habe gelernt, damit zu leben. Mein Mann ist immer bei mir.

Mein neuer, inzwischen langjähriger Lebensgefährte akzeptiert das. Ich hatte das zweite Mal das Glück, einen wunderbaren Mann zu finden, und dafür bin ich sehr dankbar. Mein Lebensgefährte sagt: »Du hast Erlebnisse und Erinnerungen, die du mir zwar erzählen kannst. Aber geteilt hast du den längsten Teil deines Lebens mit deinem Mann. Das ist ein großer Unterschied.« Er hat recht. Wir haben jetzt andere Erinnerungen angesammelt, die nur wir teilen. Aber mein Mann gehört zu meinem Leben dazu. Wenn wieder jemand sagt: »Du musst ihn loslassen«, antworte ich: »Warum? Er ist immer bei mir und er soll auch nicht weggehen.« Wenn ich zum Friedhof gehe, geht mein neuer Partner mit mir und das fühlt sich richtig an.

Heute denke ich, ich hatte zweimal Glück in der Liebe, ich habe wieder meinen Beruf als Managerin in einem großen Hotel, mein Leben war reichhaltig und schön. Wenn ich jetzt sterben müsste, wäre ich dazu bereit. Froh bin ich, dass ich beim Sterben meines Mannes dabei war. Er hatte keine Qual, keinen Schmerz, ich bin Zeugin, dass er einfach neben mir eingeschlafen ist. Das ist ein Trost für mich.

▶ **Herzinfarkt und Reanimation**

Ein Herzinfarkt kündigt sich nicht immer an, sondern kann urplötzlich kommen. Oft werden die Vorboten wie Magenschmerzen oder Stechen im Arm auch falsch gedeutet und beispielsweise einer Magenverstimmung zugeordnet. Bei einem Herzinfarkt zählt jede Sekunde – jeder dritte Patient stirbt auf dem Weg in die Klinik. Jeden Tag werden in Deutschland rund 11 000 Menschen mit dem Verdacht auf

Herzinfarkt eingeliefert. 30 000 Menschen erleiden pro Jahr tatsächlich einen Herzinfarkt. Es sind nicht mehr nur ältere Männer, Typ gestresster Manager, betroffen. Die Auswirkung der Arteriosklerose macht sich bereits im mittleren Alter bemerkbar und beginnt bereits im Kindesalter. »Serienmäßige Obduktionen an gefallenen Soldaten im Koreakrieg haben ergeben, dass bereits bei einem Drittel der jungen Männer Fettablagerungen an den Arterienwänden zu finden waren. Bei jedem Zehnten von ihnen waren die Ablagerungen so dick, dass mehrere Blutgefäße schon nahezu blockiert waren«, so die Herzstiftung (www.herzstiftung.de).

Die meisten Patienten überleben die Verstopfung der Arterie durch ein Blutgerinnsel (Blutpfropf), mit der das Absterben eines Stücks Herzgewebe verbunden ist, sofern sie rechtzeitig behandelt werden. Das Gerinnsel entsteht durch Ablagerungen von Plaques an den Gefäßwänden, die sich lösen und den Durchgang für das sauerstoffreiche Blut immer kleiner machen, bis er verstopft ist. Wird der Herzmuskel von der Blut- und damit Sauerstoffzufuhr abgeschnitten, stirbt Gewebe ab.

Diejenigen, die dies als Warnschuss wahrnehmen, ändern danach ihr Leben, bewegen sich mehr, essen gesünder, sorgen für ein regelmäßiges Leben mit genügend Schlaf und verzichten weitgehend auf Alkohol und Zigaretten – alles Risikofaktoren.

Zwei Umstände können dazu führen, dass man dies nicht überlebt, sagt Professor Heinz-Peter Schultheiss, Kardiologe vom Berliner Uniklinikum Charité in der *WELT*. Erstens die Lage des Infarkts: »Ist der Hauptstamm der Koronararterie verschlossen, wird ein großer Teil des Herzmuskels von der Blutversorgung abgeschnitten. Dann sinkt die Chance zu überleben deutlich.« Die zweite Möglichkeit: »Ein kleiner Infarkt löst – was nicht der Normalfall ist – eine starke Rhythmusstörung aus. Das Herz reagiert mit Kammerflimmern, einer sehr raschen Kontraktion des Muskels (300 bis 800 Mal pro Minute). Blut kann das Herz so nicht mehr pumpen. Der Patient stirbt so an einer Komplikation des Infarkts.« (a.a.O.)

Wer kein Fachmann ist, sollte trotzdem bis zum Eintreffen eines Arztes erste Hilfe im Rahmen seiner Möglichkeiten leisten. Laienhelfern empfiehlt die Herzstiftung, sich auf Herzmassage zu beschränken (mindestens hundert Mal pro Minute das Brustbein mindestens 5 cm tief eindrücken). Forschungsergebnisse aus den letzten Jahren haben gezeigt, dass bei einem plötzlichen Herzstillstand eines Erwachsenen für etwa acht Minuten ausreichend Sauerstoff im Blut ist. Das Problem sei jedoch, dass der Sauerstoff bei einem Herzstillstand nicht dort ankommt, wo er gebraucht wird: im Gehirn. Dorthin muss er also gepumpt werden. Die Übergangslösung, bis ein Arzt da ist, ist eine wirksame Herzdruckmassage. Sie sollte kräftig sein, ohne Rücksicht auf Rippenbrüche, die nicht unbedingt, aber bisweilen eine unvermeidbare Begleitwirkung sind. Eine oder mehrere gebrochene Rippen sind aber in einer solchen Situation das kleinere Übel.

Bikertod

Einfach über den Haufen gefahren

Todesanzeige

Einfach weg
Mitten aus dem Leben gerissen ohne eine Chance
Warum Du? Warum so früh? Warum?
Meine Seele weint
Du wirst ewig in unseren Herzen bleiben
Wir sehen uns wieder

Seitdem habe ich so viele Tränen geweint. Ich wusste nicht, dass man so viele Tränen weinen kann. Bis heute. Drei Jahre danach. Die Frage »Warum?« geht mir nie aus dem Kopf. Und sie wird mir in diesem Leben nie beantwortet werden.

Der Wecker schellte um 6.20 Uhr. Da war mein Mann schon knapp zwei Stunden aus dem Haus zur Arbeit. Es war Sommer, bereits hell und die Sonne zeigte sich gerade am Himmel. Laut Wetterbericht würde es ein schöner Tag werden. Um kurz vor sieben Uhr klingelte es. Ich fragte durch die Gegensprechanlage: »Wer ist da?« – »Polizei!« Ich wurde wütend: »Verarschen Sie mich nicht am frühen Morgen. Das macht man nicht.« – »Machen Sie bitte auf. Es geht um Ihren Mann. Er hatte einen Unfall.« Alarmiert fragte ich: »Aber mein Mann lebt?« Die zwei Polizisten, die dann durch unser Treppenhaus in den zweiten Stock kamen, beruhigten mich. »Er ist mit einem Oberschenkelhalsbruch ins Krankenhaus gekommen. Brauchen Sie seelischen Beistand?« Die Frage erstaunte mich: »Ne, wieso? Bei einem Oberschenkelhalsbruch brauche ich keinen seelischen Beistand.«

Ich rief in der Notaufnahme an und sagte Bescheid, dass ich kommen würde. Man stellte mich zu einer Ärztin durch: »Ihr Mann liegt im OP. Wir haben ihn gerade geröntgt, er hat einen Beckentrümmerbruch.« – »Oha«, dachte ich, »dann wird das wohl nichts mit seiner großen Party zum Geburtstag.« Aber das sollte unsere geringste Sorge sein. Hauptsache, er wurde wieder gesund.

Dann machte ich mich schnell fertig und packte eine Tasche für meinen Mann. Zahnbürste, Schlafanzug, Bademantel, Jogginganzug, seine Kulturtasche, Pantoffeln, was man eben so braucht. Ich informierte noch schnell unsere Tochter und fuhr los. Fast zeitgleich mit ihr kam ich im Krankenhaus an. Man schickte uns zur Notaufnahme, wo uns gesagt wurde, dass es noch dauert. Wir antworteten: »Egal wie lange es dauert. Wir warten hier, bis wir zu ihm können.« Mein Mann wurde offenbar noch operiert.

Schließlich kam ein Arzt und nahm uns mit in einen merkwürdig schlauchähnlichen Raum, an dessen Ende ein weißer Schreibtisch stand. Ich weiß es noch wie gestern, ein großer schlaksiger Typ. Etwas ungelenk. Er räusperte sich und murmelte, ohne mich anzusehen: »Frau Möller, es tut mir leid, aber Ihr Mann ist tot.« – »Nein!«, erwiderte ich, »das muss eine Verwechslung sein. Mein Mann hat einen Beckentrümmerbruch. Er kann nicht tot sein.« Meine Tochter stieß einen durchdringenden, lang anhaltenden Schrei aus. Dann brach sie zusammen. Mein Kind litt unter Asthma, sie stand kurz vor einem Anfall und schrie immer wieder: »Nein, nein, nein!«

Der Arzt erklärte noch: »Seine Bauchschlagader ist gerissen. Er ist innerlich verblutet.« Der wusste gar nicht, dass wir so unvorbereitet waren, und war ganz hilflos. Ich fing an, auf und ab zu tigern wie ein wildes Tier im Käfig. Dabei grinste ich unter Schock wie blöd, schüttelte immer nur mit meinem Kopf und sagte permanent: »Nein, das ist nicht mein Mann. Nein! Nein!«

Wir standen beide unter Schock und man verabreichte uns Tavor, einen Tranquilizer. Schließlich rief meine Tochter ihren Onkel an und sagte nur: »Papa ist tot. Komm bitte schnell ins Krankenhaus.« Er war innerhalb einer Viertelstunde da. Man denkt ja immer, so was passiert einem nicht. Das passiert nur den anderen. Erst begreift man es nicht. Heute hat sich dieser Tag bei mir eingebrannt.

Ich wollte meinen Mann, den Mann, den ich mit 14 Jahren kennengelernt habe, der mich entjungfert hat, von dem ich meine wunderbare Tochter hatte, der mir Freund, Lebenspartner, Helfer, guter Bruder, Berater gewesen war, mit dem ich den größten Teil meines Lebens verbracht habe und der mir nun so brutal genommen wurde, unbedingt noch einmal sehen. Mein Schwager fragte: »Willst du dir den Anblick wirklich zumuten?« Wir machten aus, dass er zuerst ins Todeszimmer gehen sollte. Wenn es zu schrecklich wäre, sollte er den Arm gesenkt lassen. Ansonsten würde er den Arm heben. Er hob seinen Arm.

Mein Mann lag in einem Bett und war bis zum Hals zugedeckt. Nur seine Hände hatte man auf der Bettdecke übereinandergelegt. Sein Gesicht war unversehrt. Ich nahm seine Hände in meine. Ich sagte zu ihm: »Schatz, ich liebe dich. Deine Hände sind ganz kalt und deine Seele ist jetzt woanders. Das spüre ich.« Aus seinem Mund hing noch der Beatmungsschlauch und in seiner Hand steckte noch der Zugang vom Tropf. Ich versprach ihm: »Wir sehen uns wieder.« Bis heute denke ich jeden Morgen, dies ist der erste Tag vom Rest meines Lebens. Jetzt bin ich dir wieder einen Tag näher gekommen.

Im Obduktionsbericht las ich später: »Todesursache Verbluten (nach innen) infolge Beckenringfraktur mit rechtsseitiger Beckenarterienzerreißung nach Verkehrsunfall. Der Tod ist Unfallfolge.« Man hatte ihn sofort in den Schockraum gebracht, wo er trotz Sauerstoff und sieben Litern Bluttransfusion starb.

Über mir brach alles zusammen. Die Trauer, die nie aufhört, empfinde ich wie die Pest. Ich hatte schlimme körperliche Schmerzen. Meine Seele tat weh, mein Herz tat weh. Jetzt weiß ich, dass Trauer richtiggehend körperlich schmerzt.

Ich hatte das Bedürfnis, jedes Detail über den Unfallhergang zu erfahren. Die Polizei hatte aufgenommen, dass eine Frau mit ihrem Auto meinem Mann an einer Kreuzung die Vorfahrt genommen und ihn angefahren hatte. Mein Mann wurde zwölf Meter über die Straße geschleudert. Ein Zeuge rief sofort einen Rettungswagen an, der auch innerhalb einer Viertelstunde da war. Dann beruhigte er meinen Mann, der noch bei Bewusstsein war. Ich machte diesen Zeugen ausfindig, suchte ihn auf und fragte ihn, was die letzten Worte meines Mannes gewesen seien. Er blickte mich zweifelnd an: »Wollen Sie das wirklich wissen?« Ich nickte. Er berichtete: »Ihr Mann hat immer nur geschrien, mein Bauch, mein Bauch!« Dabei hatte er wohl versucht, sich aufzubäumen.

Ich wollte auch unbedingt wissen, ob die Polizisten mir nicht die Wahrheit gesagt hatten, doch mir wurde bestätigt, dass sie nur die Information hatten, es sei ein Unfall mit Oberschenkelhalsbruch.

Dann kamen Betreuer, Sachverständige, Gutachter und Anwälte ins Spiel, denn es ging um Schuldfrage, Versicherung und Rente. Da wird jeder Millimeter ausgemessen und zurückverfolgt. Seine Maschine wurde in ihre Einzelteile bis zur letzten Schraube zerlegt, um eine Mitschuld meines Mannes zu finden. Der Anfangsverdacht, mein Mann sei zu schnell gefahren, bestätigte sich nicht. Es kam zum Gerichtsverfahren.

Die Frau, die meinen Mann auf dem Gewissen und einen bissigen Rottweiler als Anwalt hatte, war völlig uneinsichtig. Sie hat sich bis heute nicht entschuldigt oder ein Wort des Bedauerns an uns verschwendet. Sie wurde der fahrlässigen Tötung für schuldig befunden und zu vier Wochen Fahrverbot und 2400,- Euro Geldstrafe verurteilt. Ich habe immer gewartet und gedacht, sie müsste doch ein paar Worte an uns richten, wenigstens ihr Mitgefühl ausdrücken. Nein, da kam nichts, aber sie ging in Berufung. Dort, vorm Landgericht, hatte ich die Möglichkeit, persönlich etwas zu sagen. Ich stand auf und fragte bebenden Herzens: »Was für ein Mensch sind Sie, dass Sie nicht ein Wort des Bedauerns für uns übrig haben?« Meine Tochter war noch zorniger und rief: »Sie haben mir meinen Vater genommen. Er kann mich nicht mehr zum Traualtar führen!« Wir sprudelten über vor Emotionen und mussten weinen. Eigentlich ist es nicht zulässig, so persönlich zu werden, aber der Richter hat uns gewähren lassen. Diese Frau zeigte nicht eine Regung. Sie zuckte nicht einmal mit der Wimper.

Den Motorradhelm meines Mannes habe ich im Wohnzimmer auf dem Sideboard stehen. Auch sein Halstuch. Je nachdem, wie das Wetter und wie feucht die Luft ist, rieche ich ihn bis heute. An die Bestattung erinnere ich mich teilweise. Nie werde ich vergessen, dass mein Vater sich am offenen Sarg verbeugt und gesagt hat: »Du warst meiner Tochter ein guter Mann und meinem Enkelkind ein guter Vater. Dafür danke ich dir.« Als der Sarg in den Ofen fuhr, standen wir Familienangehörige in einem Halbkreis, hielten unsere Hände und begleiteten den Sarg mit diesem Ritual ins Feuer. Die Bestatterin holte uns dann in den Park des Krematoriums. »Wir wollen mal schauen, wie er geht.« Es kamen wenige weiße Rauchwolken aus dem Schornstein. Unsere Bestatterin sagte: »Er geht friedlich.«

Um mit seinem Tod leben zu lernen, pflege ich meine Erinnerungen. Ich fliege zu denselben Urlaubszielen, die wir beide geliebt haben. Dort erinnere ich mich an unsere schöne Zeit.

Im Flughafen gibt es einen Raum der Stille, da kehre ich vor jedem Flug ein, schreibe etwas in das Gästebuch, das dort ausliegt, und denke an meinen Mann. Ich gehe die Wege, die wir gemeinsam gegangen sind, und setze mich in die Cafés, in denen wir Latte getrunken oder Eis gegessen haben.

Wir hatten auch immer vor, einmal am Motorradgottesdienst im Hamburger Michel teilzunehmen. Das habe ich dann allein gemacht. Unseren Schrebergarten, der unser gemeinsames Hobby war, habe ich allerdings abgegeben. Als ich ihn an den neuen Besitzer übergab, überfiel mich der Gedanke, ich gebe hier einen Teil meines Lebens ab. Ich musste wieder bitterlich weinen.

Mein Freundeskreis geht inzwischen gut damit um, dass ich immer noch weinen muss. Wenn ich am Telefon gefragt werde, wie es mir geht, sage ich es ehrlich. Manchmal muss ich dann eingestehen, dass ich wieder eine Heulphase habe. Das ist für meine Freunde in Ordnung und mir tut es gut, dass ich mich nicht verstellen muss.

▶ Unfälle mit dem Motorrad

Motorradfahren ist gefährlich, das beweisen nicht nur die fast täglichen Unfallberichte in den Tageszeitungen. Durch Motorradunfälle werden auch junge Frauen zu Witwen. Laut Statistischem Bundesamt waren 16,5 Prozent der Verkehrstoten im Jahr 2012 mit Motorrädern unterwegs. Die ADAC-Unfallforschung hat viele dieser Crashs unter die Lupe genommen und ausgewertet: Motorradfahrer überschätzen häufig ihr fahrerisches Können und verursachen durch waghalsige Fahrweise einen Zusammenprall. Sehr häufig sind Fahrfehler in Kurvenbereichen zu beobachten. Oft auch zu hohe Geschwindigkeiten und zu kräftige Bremsmanöver.

Das Statistische Bundesamt erklärt: »Das bestandsbezogene Risiko, auf einem Motorrad getötet zu werden, war im Jahr 2012 fast viermal so hoch wie auf Mofas oder im Auto. Die Gründe hierfür liegen auf der Hand: Zweiradfahrer sind bei einem Unfall nahezu ungeschützt. Sie haben kein Blech um sich herum und bisher nur äußerst selten Airbags, die sie vor Verletzungen schützen. Das noch größere Risiko für Motorradbenutzer bei einem Unfall tödlich verletzt zu werden, resultiert daraus, dass mit einem Kraftrad wesentlich höhere Geschwindigkeiten gefahren werden als mit einem Mofa oder Moped.« (https://www.destatis.de/DE/Publikatio nen/Thematisch/TransportVerkehr/Verkehrsunfaelle/Un faelleZweirad5462408127004.pdf?__blob=publicationFile [2012])

Nicht einmal jeder dritte verunglückte oder getötete Motorradfahrer kam bei Alleinunfällen zu Schaden, meist waren Kollisionen mit anderen Verkehrsteilnehmern der Unfallgrund, in 80 Prozent der Fälle mit einem Pkw-Fahrer. 71,2 Prozent dieser Unfälle wurden von Pkw-Fahrern verursacht.

Unfallursache Nummer eins ist laut Elmar Forke, Leiter des Instituts für Zweiradsicherheit (ifz) in Essen, die Missachtung der Vorfahrt des Zweirades durch andere Verkehrsteilnehmer. So passiert die typische Kollision, wenn ein Pkw nach links abbiegt und dabei das geradeaus fahrende oder überholende Motorrad übersieht. (http://www.spiegel.de/auto/ aktuell/gefaehrliches-hobby-zahl-der-motorradunfaelle-stieg-a-286038.html) Zwei Drittel der tödlichen Unfälle geschehen somit auch auf den Landstraßen, wogegen nur 5 Prozent der Motorradfahrer bei einem Unfall auf der Autobahn sterben. (https://www.destatis.de/DE/ZahlenFakten/ Wirtschaftsbereiche/TransportVerkehr/Verkehrsunfaelle/ Verkehrsunfaelle.html)

Statt strahlendes Paar plötzlich Single

Wie die Gesellschaft das Tabuthema Tod meidet

Ein Jahr ist es her, dass ich Sven begraben habe. Er ist mit 52 Jahren auf offener Straße zusammengebrochen. Ich bekam einen Anruf aus dem Krankenhaus, mein Mann sei auf die Intensivstation eingeliefert worden. Ich bin sofort hingefahren. Als ich ankam, war er schon gegangen. Wenn man alles für möglich hält, das nicht. Er sah aus wie immer. Als ob er schliefe. Es war grauenhaft und nur Witwen, die ihren Mann ähnlich früh und unerwartet verloren haben, wissen, was ich durchgemacht habe und was das für ein Gefühl ist. Bis Sven unter der Erde war, kam ich nicht zum Nachdenken. Ich funktionierte wie in Trance. Ich bekam unendlich viele tröstende, liebevolle Kondolenzkarten. Es kamen sehr viele Menschen zur Beerdigung. Freunde, Verwandte, Kollegen. Jeder ist schockiert, wenn ein junger Mensch so aus dem Leben gerissen wird. Es wurde auch viel geweint, ich wurde herzlich umarmt und bekam viele liebe Worte. Bis dahin war ich abgelenkt von dem, was getan werden musste, und eingehüllt in Mitgefühl. Das brach abrupt ab.

Denn dann ging für die anderen das Leben weiter. Man ging zur Tagesordnung über. Ich dagegen fiel in ein tiefes Loch, als der Trubel vorüber war. Erst als ich Zeit hatte, das alles zu realisieren, wurde mir die ganze Tragödie meines Verlusts bewusst. Und dass nichts mehr sein würde wie früher. Dass ich, wenn man so will, auch mein Leben verloren hatte. Unsere Zukunft, unsere Pläne, unsere Gemeinsamkeiten. Was ich jetzt alles allein bewältigen musste. Man hat ja bis dahin in keiner Weise daran gedacht, dass die Zukunft, die man dabei war sich aufzubauen, plötzlich nicht mehr existierte. Jedes »Wir planen«, »Wir wollen«, »Wir werden einmal«, gibt es plötzlich nicht mehr. Alles abgeschnitten.

Ich fiel in eine endlose Leere. Ein Auf und Ab von Weinkrämpfen, Depression, Trauer, Wut, ein Wechselbad der Gefühle. Das ging über Wochen so. Ich hätte weiter offene Ohren und Mitgefühl gebraucht. Aber die Trauergemeinde, die mit am Grab war, hatte sich wieder dem gewohnten Leben zugewandt. Das ging schließlich reibungslos weiter.

Traf ich unerwartet jemanden und wurde gefragt, wie es mir ginge, merkte ich schon bald, dass jeder hoffte, ich würde nicht anfangen zu weinen. Wenn ich sagte: »Geht so«, hieß es mit einem aufmunternden Schulterklopfen: »Wird schon wieder.«

Was wird schon wieder? Nichts wird mehr wieder! Es ist alles zerstört. Ich bekam sehr schnell mit, dass sogar die besten Freunde mit der Beerdigung einen Schlussstrich unter das Thema gezogen haben. Für sie ging das Leben weiter. Was mir passiert war, klar, das war traurig. Aber Vergangenheit. Andere Themen wurden wichtig und keiner hatte Lust, mit mir Trübsal zu blasen. »Kopf hoch!«, hieß es. Manchmal erstaunte Worte: »Wieso, ist das denn immer noch ein Thema?«

Wie ich das hassen lernte, dieses verlegene Schweigen, so hilflos und distanziert. Oder diese oberflächlichen Sprüche. Einige hörten ganz auf, sich zu melden. War es Angst? Unsicherheit? Wenn ich über Tod, Trauer oder auch meine Ängste sprechen wollte, musste ich mir wohl oder übel Menschen mit demselben Schicksal oder fachliche Hilfe suchen. Ich fühlte mich isoliert und das verstärkte das Gefühl der Einsamkeit enorm. Ich fühlte mich ausgegrenzt, weil ich meine authentischen Gedanken und Gefühle nicht teilen konnte. Es ist doppelt bitter, wenn man sich in einem so angeschlagenen Zustand auch noch ausgegrenzt fühlt, wie vor eine Mauer läuft. Ich zog mich eine ganze Weile zurück. Ich war jetzt ein Einzelschicksal. Ich entsprach irgendwie nicht mehr der Norm, in der wir uns zu zweit bewegt hatten. Paar mit Kinderwunsch, gerade ein Haus gebaut, beruflich erfolgreich, und jetzt war ich die heulende Hinterbliebene, teilte nicht mehr dieselben Gesprächsthemen. Ich nahm in der Zeit einmal eine Einladung an, weil ich dachte, du musst wieder unter Menschen gehen. Nur Paare! Diejenigen, die wussten, dass ich Witwe geworden war, duldeten mich mit einer gewissen Nachsicht, versuchten übertrieben, mich aufzumuntern, gingen aber nicht wie früher offen auf mich zu. Einige nickten mir aus der Ferne zu und machten ansonsten einen Bogen um mich. Und ich spürte bei einigen Frauen sogar Ängste, weil ich ja jetzt Single war. Plötzlich könnte ich eine Gefahr werden, eine Konkurrenz.

Wer mich nicht kannte und auch vorher nicht von den Gastgebern informiert worden war, fiel in betretenes Schweigen, wenn ich erzählte, ich hätte vor kurzem meinen Mann verloren. Die nächste Gelegenheit, die sich bot, wurde wahrgenommen, um sich jemand anderem zuzuwenden. Ich gehörte nicht mehr dazu und habe mir so eine Veranstaltung auch nicht noch einmal angetan. Ich fühlte mich unter den »normalen« Leuten wie mit einem Makel behaftet. Ich fand mich im gesellschaftlichen Abseits wieder.

▶ Tabuthema Tod

Im Jahr 2012 starben in Deutschland 869 582 Menschen. Das bedeutet, dass etwa drei- bis viermal so viele Menschen von Tod und Trauer betroffen sind. Jedes Jahr wieder. Es ist schon erstaunlich, dass in einer überinformierten Gesellschaft, in der man alles plant, weiß, vorbereitet, durchleuchtet, abwägt, überlegt, berechnet, kontrolliert, ausgerechnet das Thema Tod derart ausgeblendet wird. Obwohl es jeden betrifft.

Abschied, Trauer, Trennung und Verlust sind Begriffe, die gesellschaftlich negativ besetzt sind, man vermeidet sie. Witwe zu werden ist bisweilen sogar verbunden mit einer Schwächung der gesellschaftlichen Position. Es mutet seltsam an, dass es in unserer Gesellschaft Trauerbegleiter und Trauerexperten gibt, dass ein natürliches Gefühl Experten übergeben wird. Eine Erklärung dafür ist sicher, dass das Sterben aus der Gesellschaft ausgegliedert wurde. Die meisten Menschen haben, bis die eigenen Eltern sterben, noch nie einen Toten vor sich gesehen. Zwar im Fernsehen, aber nicht in der Realität. Starben früher die Alten und/oder Kranken in den Familien in ihrem eigenen Bett und wurden dort auch noch einige Tage aufgebahrt, so sterben heute die meisten Menschen ziemlich anonym und ausgegrenzt.

Wer über Sterben und Tod spricht, erfährt in der Regel Ablehnung, sich Wegdrehen, keinesfalls Neugier. Der Tod ist ein wunder Punkt in einer Gesellschaft, wo alles Streben in Richtung positive Gefühle, Glück und Spaß geht. Die meisten Menschen sehen den Sinn im Leben darin, Glück zu erfahren, eine möglichst schöne, heile Welt zu erleben. Unglückliche Menschen sind Störfaktoren. Es ist schon ein Phänomen, dass trotz der Millionen von Betroffenen der einzelne Trauernde von seinem Umfeld ausgegrenzt wird. »Die Menge (der Trauernden) besteht aus vielen Einzelschicksalen, die im Themennetz der Gesellschaft keinen Anknüpfungspunkt haben, keinen Halt finden und auch kein Miteinander entwickeln und erleben können«, schreibt die Autorin Ulla Engelhardt (*Jung verwitwet*, S. 214).

Wer sich seine Trauer nicht zugesteht, kann krank werden. Depressionen können die Folge sein. Auch körperliche Beschwerden wie Schlappheit, Kopfschmerzen oder psychosomatische Störungen.

Osteoporose-Aerobic
Was vom Leben bleibt

Osteoporose-Aerobic nach Elvis-Presley-Songs macht gute
Laune. In meiner Osteoporose-Gruppe sind außer mir zwei
andere Witwen. Beide über 65 Jahre alt. Wir sind mit der
Zeit eine gute Gemeinschaft geworden und machen viel zusammen. Der Knochenschwund hält uns zusammen. Nur
eine von uns, Irmelin, hat schon einen Witwenbuckel. Als
mein Internist sagte: »Frau Pöselmann, Sie haben Osteoporose«, konnte ich mir erst mal nicht viel darunter vorstellen.
Klar hatte ich von porösen Knochen gelesen und dass man
auf eine kalziumreiche Nahrung achten soll und Vitamin D.
Deshalb standen viele Südfrüchte auf meinem Speiseplan
und ich trank jeden Tag meine Milch. Ich sagte nur: »Ach du
Schreck!«, und stellte mir vor, wie ich bald als gebeugtes
Weiblein mit Krückstock über die Straße humpeln würde.
Womöglich einen Gehwagen brauchte. Bei der Vorstellung
entfuhr mir ein »So'ne Sch…!« Aber mein Arzt beruhigte
mich, dass meine Krankheit recht früh entdeckt wurde und
ich mit Bewegung und Ernährung noch viel tun könne. Ich

war eigentlich wegen meiner Rückenschmerzen zum Arzt gegangen. Der erklärte mir: »Osteoporose ist eine Krankheit, die schleichend langsam kommt, oft entwickelt sie sich über zehn Jahre, ehe man sie überhaupt bemerkt.« Ich fragte ängstlich: »Werde ich jetzt ein Pflegefall?« Mein Arzt erklärte mir alles ganz genau: »Die beste Nachricht: Gegen Osteoporose kann man angehen, man kann fit und aktiv leben. Genauer: Man muss es sogar, denn Fitness und Aktivität sind das A und O. Die Eigeninitiative und die Bereitschaft zur Selbsthilfe stehen an der Spitze der Therapie. Ernährung und Bewegung sind die bedeutendsten Therapie-Elemente bei Osteoporose und kommen noch vor der medikamentösen Behandlung.« Aha! So kam ich in die Gruppe, wo ich Waltraud und Irmelin kennenlernte.

Irmelin, die Frau, die 50 Jahre mit ihrem Mann einen Gemüsestand auf dem Markt hatte und bei Wind und Wetter Grünzeug verkaufte. Er starb an Prostatakrebs. Sie hob immer stolz hervor, dass sie heiße wie die Mutter von Leonardo di Caprio. Einen berühmten Sohn hatte sie allerdings nicht vorzuweisen. Waltraud, die erst kürzlich Witwe wurde, hatte ihren Mann vor fünf Jahren bei einem Autounfall verloren, war aber relativ gut darüber hinweggekommen. Über unsere verstorbenen Männer redeten wir oft. Wir gehören schließlich zu der Generation, die noch verheiratet blieb, »bis dass der Tod euch scheidet«. Und wir hatten alle drei gute und schlechte Zeiten erlebt mit unseren »besseren Hälften«. Höhen und Tiefen. Arbeitslosigkeit, Fremdgehen, missratene Kinder, Geiz, Dominanz, cholerische Ausbrüche oder Lahmarschigkeit und Schweigen – alles, was das Leben einer

Ehefrau so zu bieten hat. Wir hatten alle wahrlich keine Göttergatten gehabt, obwohl man im Nachhinein das Schlechte verdrängt und das Gute hervorhebt. In einem waren wir uns alle einig: Nie wieder einen Ehemann. Einer hat gereicht.

Ich weiß es noch wie gestern, als mein Ernst das Zeitliche segnete. Im ersten Moment, im ersten Schock hat man das Gefühl, man hat seinen Helden verloren. Als Ernst gestorben war, habe ich ihn auf einen Sockel gehoben. Ich konnte nur daran denken, was ich verloren hatte. Er war mein »Heiligenbild« und ich habe hartnäckig geleugnet, dass er auch ein Mistkerl und Kotzbrocken war. Am Anfang will man die negativen Wesenszüge des Verstorbenen nicht wahrhaben. Heute ist mir bewusst, dass wir eine für unsere Generation völlig normale Ehe führten. Klar, die Macht der Gewohnheit. Wenn man 40 Jahre alles geteilt hat, bricht quasi die andere Hälfte weg. Aber als ich mich gefangen hatte, wurde mir auch nach und nach bewusst, wie viele faule Kompromisse ich gemacht habe. In zahllosen kleinen Dingen. Zum Beispiel mochte Ernst ums Verrecken kein Haustier. Ich hätte so gern einen Hund gehabt. Ich liebe Tiere, aber das wurde vehement abgeblockt. Jetzt habe ich einen Golden Retriever übernommen. Oskar ist schon etwas älter, aber mein Ein und Alles und gut für meine Osteoporose, weil ich immer raus muss und mich dabei an der frischen Luft bewege. Außerdem bin ich einem Hundeverein beigetreten. Hundehalter sind gesellige Menschen und man hat mit seinen Vierbeinern immer ein Gesprächsthema.

Irmelin hat sich Hühner angeschafft, als ihr Heinrich tot war. Sie hat von ihrem großen Garten ein Stück abgeteilt, wo jetzt Pretty Woman, Rosalinde, Betty, Angelina Jolie und

Angela M. herumgackern und picken. Dazu hat sie den Gockel George Clooney ins Gehege gesetzt. Ein wirkliches Prachtstück von einem Hahn. Sie hat sich eine Bank davor gestellt, auf der sie im Sonnenschein sitzt und mit ihren Hühnern kommuniziert. Manchmal gackert sie sogar mit. Außerdem hat sie jeden Tag frische Eier.

Wir drei Witwen machen viel zusammen. Wir sind in einer Volkstanzgruppe, in der die Männer zwar absolut unterrepräsentiert sind, was uns Weiber aber nicht stört. Wir haben unseren Spaß. Wir haben einen Stricknachmittag, da sitzen wir bei Kaffee und Kuchen zusammen, ratschen und stricken. Und wir gehen in unsere Senioren-Turngruppe zur Osteoporose-Gymnastik bei Melli Müller. Wir sagen immer »Osteoporose-Aerobic«, weil es da für unsere Verhältnisse so zackig zugeht. Wir älteren Semester lieben ja auch Elvis und Frank Sinatra. Die legt Melli uns manchmal auf.

Melli ist in den Fünfzigern und sieht noch ganz passabel aus für ihr Alter. Sie trägt einen hautengen hochglänzenden Gymnastikanzug, in dem jede Speckrolle sofort sichtbar wird. Ich bevorzuge bequeme Jogginganzüge. Waltraud zwängt sich in Leggins und zieht Boxershorts von ihrem verstorbenen Mann darüber. Sie hat Krampfadern, die sie nicht jedem unter die Nase halten möchte. Und Irmelin ist zwar etwas schwabbelig um den Bauch herum, aber sie trägt trotzdem enge elastische Shirts. Also ich würde eher ein Bigshirt wählen, aber das muss jeder selbst wissen. Wir wollen ja keine Männer aufreißen.

Nachdem wir unsere Yogamatten ausgerollt hatten, stellten wir uns aufrecht hin. Melli gab die Kommandos: »Beginnt mit einem leichten Aufwärmen, wie Armschütteln, Armkreisen und Beinschwingen.« Alle fingen an zu rotieren. »Wiederholt jede Übung fünf bis zehn Mal.« Beim Beinschwingen verlor ich das Gleichgewicht und plumpste fast auf die Matte. »Jetzt nehmt ihr alle euer Handtuch über den Kopf und zieht es mit maximaler Kraft auseinander.« Das ging ja noch gerade. Aber dann wurde es schwierig für mich. »Geht in den Vierfüßlerstand.« Ich hatte mir ein weiches Kissen für die Knie mitgebracht, weil ich Knieprobleme habe. »Dann den rechten Arm seitlich hochziehen, anschließend mit der rechten Hand unter dem linken Arm durchziehen.« Oh je, ich geriet wieder aus dem Gleichgewicht und diesmal kippte ich wie eine trächtige Elefantenkuh zur Seite. Wenn mein Ernst mich so sehen würde, er würde einen Lachkrampf bekommen.

Bei der nächsten Übung schwächelte Waltraud. »Bauch und Gesäß anspannen, dann linken Arm und rechtes Bein gegen die Unterlage drücken, rechten Arm und linkes Bein gestreckt einen Zentimeter hochheben, diese Position etwa 15 Sekunden lang einnehmen. Dann Seitenwechsel.« Waltraud rief nach fünf Sekunden: »Meine Arschbacken zittern.« Irmelin meinte: »Denk an Frankie-Boy, My Way.« Waltraud schmetterte: »Ich lass fallen«, und Melli lächelte und meinte: »Das wird schon.« Waltraud nahm sich ständig vor, zehn Kilo abzuspecken, aber in unserem Alter ist das nicht mehr so einfach.

Auch den anderen beiden ging es so, dass sie ihre Männer mit der Zeit und dem Zugewinn an Freiheit in anderem Licht sahen. Wir hatten uns als junge Frauen sehr angepasst, das würde eine emanzipierte Frau heute nicht mehr machen. Wir haben uns teilweise auch untergeordnet, schließlich kam die Frauenbewegung erst eine Generation nach uns. Irmelin erzählt immer, sie sei sehr bockig gewesen und habe sich ihrem Mann widersetzt. Deshalb hat es bei ihnen oft Streit gegeben und ihr Mann hätte sogar mit Scheidung gedroht. Er hatte dann auch zeitweilig eine Geliebte, was Irmelin allerdings hingenommen hat. An Scheidung dachten deswegen beide nicht. Irmelin bezog im gemeinsamen Haus ein eigenes Schlafzimmer und saß die Fremdgeherei aus. Irgendwann gab die Geliebte auf. So machte man das in meiner Generation.

Irmelin, die ihren prostatakrebskranken Hermann gepflegt hatte, bis er ins Hospiz ging, erklärte: »In der allerersten Phase nach seinem Tod konnte ich nur bis in die Krankheitszeit zurückdenken, die ja länger dauerte. Erst nach und nach kamen Erinnerungen an die Zeit ›davor‹ zurück, manchmal wie Mosaiksteinchen, die kein Bild ergeben wollten. Es gab keine Gesamterinnerung, sondern immer wieder nur Bruchstücke, die auf einmal da waren – auch ohne ›Abruf‹ – manchmal bei bestimmten Erlebnissen, Sätzen oder Musikstücken, die ich hörte. Jeder, der eine längere Ehe geführt hat, weiß, wie schwierig es auch manchmal sein kann. Als Hermann länger tot war, kamen auch die Erlebnisse wieder in Erinnerung, an denen ich zu knacken hatte, und ich habe mich oft gefragt, warum ich mir das habe gefallen lassen. Dann wieder dachte ich an die einfachen und glücklichen Momente.«

Waltrauds Ehe hätte 50 Jahre gedauert, wäre ihr Mann nicht wenige Monate vor dem Jubiläum gestorben. Mit Arbeit angefüllte 50 Jahre: sie im Telegrafenamt, er im Gemüsehandel, dazu Haushalt und vier Kinder. Es war eine Ehe ohne gemeinsame Freizeit, ohne Abende mit langen Gesprächen, mit nur wenigen Freunden, einem Urlaub in Österreich pro Jahr. Fünf Jahre nach dem Tod ihres Mannes hadert sie noch immer. »Die Zeit, die wir miteinander gehabt hätten, wäre erst noch gekommen.« Jedenfalls dachte sie das, während sie diszipliniert ihren vielen Verpflichtungen nachging. Und nun fühlt sie sich betrogen um die Zeit, die erst noch kommen sollte.

Die Kinder besuchen sie. Wenn sie Lust haben – darauf legt Waltraud Wert. Im ersten Jahr nach dem Tod ihres Mannes übernahm sie die Enkelkinder, weil ihre Töchter alle einen Beruf hatten, den sie nicht aufgeben wollten. Da es aber ständig Auseinandersetzungen gab darüber, was die Kinder durften und was nicht, hat Waltraud irgendwann gesagt, jetzt ist Schluss damit.

Irmelin, die keine Kinder hat, beneidet Waltraud. Wenn sie sich mit ihrem Rollator über den Wochenmarkt bewegt, sagt sie manchmal: »Wäre das schön, wenn man jetzt ein Enkelkind dabei hätte.« So sind wir alle drei stinknormale Witwen, die ihr Leben, ihre Höhen und Tiefen Mann und Kindern geopfert und für sie gelebt haben. Wir sind wohl eine aussterbende Spezies.

▶ Witwen in Deutschland

Insgesamt leben knapp 5 Millionen Witwen unter uns. Viel mehr als Witwer, denn Männer haben ein niedrigeres statistisches Durchschnittsalter als Frauen. Nach Angaben des Statistischen Bundesamtes werden Männer durchschnittlich 74,2 Jahre alt, Frauen 81,3. Tendenz bei beiden allerdings steigend. In der Regel ist die Frau zudem bei der Hochzeit jünger als der Mann, sodass sie nach einer klassischen Ehe »bis dass der Tod euch scheidet« noch etwa zehn bis 15 Jahre allein bleibt. Viele der verwitweten Frauen ziehen es nach einer Partnerschaft voller Kompromisse vor, allein zu bleiben. Ein weiterer Grund, nicht wieder zu heiraten, ist die Witwenrente, die die wenigsten aufs Spiel setzen wollen. Im Jahr 2012 bezogen laut Rentenversicherungsträger 4,8 Millionen Witwen eine Witwenrente, dagegen nur 593 649 Männer. 7,1 Prozent der Deutschen sind laut Statistischem Bundesamt verwitwet, davon sind 80 Prozent Frauen, davon wieder 89 Prozent über 60 Jahre alt. Eine Frau wird durchschnittlich mit 69,9 Jahren Witwe.

Männer wollen nach dem Tod der Ehefrau möglichst schnell neu heiraten. Am liebsten eine jüngere Frau. Diese Offenheit gegenüber neuen Partnerschaften findet sich bei Witwen nicht so häufig. Das Leben neu mit einem Mann zu teilen, kommt für viele, vor allem ältere Frauen nicht wieder in Frage, weil sie sich kein zweites Mal anpassen wollen wie in ihrer Partnerschaft. Männer hingegen möchten auch auf die Sexualität nicht verzichten. »Sie brauchen eher wieder sexuelle Kontakte, weil ihnen jemand zum Anlehnen und Streicheln fehlt«, erklärt Jürgen Goldmann in einem Interview mit der *Badischen Zeitung*. Der Bonner Sozialpädagoge berät unheilbar kranke Menschen und ihre trauernden Angehörigen in dem Hospiz-Verein »Lighthouse« (http://www.badische-zeitung.de/deutschland-1/maenner-trauern-anders--21864002.html).

In der Öffentlichkeit wird die Tatsache, dass eine Frau verwitwet ist, nur marginal wahrgenommen. Die allgemeine Vorstellung von Witwen ist klischeehaft. Vor allem, wenn sie älter sind. Dass eine Frau Witwe wird, ist nur eine Sensation und überhaupt erwähnenswert, wenn sie prominent ist oder ihren Mann auf besonders tragische Weise verliert.

Auf Anhieb gefragt, wissen die meisten spontan eher den Namen einer Schauspielerwitwe, einer Politikerwitwe, einer Künstlerwitwe als den einer Witwe aus der Nachbarschaft. Diese verschwinden nach der Beisetzung in der mentalen Versenkung und selten wird noch nachgefragt, wie es ihnen geht oder wie sie leben. Ist man kein Paar mehr, versinkt nicht nur der Mann im Grab, sondern auch seine Frau in einer Art Schattenreich.

Wenn es am schönsten ist, muss man gehen

Seinen Abschied zu Lebzeiten zelebrieren

Es herrschte typisches Hamburger Schmuddelwetter. Grau-verhangener Himmel, ungemütliche Temperatur und Dauer-regen. Wir hatten einen Raum in der Speicherstadt gemietet. Mein 65-jähriger Mann hatte alle Menschen eingeladen, die ihn ein Stück seines Weges begleitet hatten und die ihm wichtig waren. Er trug seine Jeans, Turnschuhe und ein dunkelblaues Sweatshirt. Seine Glatze bedeckte ein Borsalino, er hatte seinen Trenchcoat übergezogen und seinen weinroten Kaschmirschal um den Hals geschlungen. Er wirkte groß und sehr dünn. Seine Augenbrauen und seine Wimpern waren ausgefallen.

Mein Mann hatte sich in seinem Leben nie etwas aus der Hand nehmen lassen. Er spielte immer die aktive Rolle. Und so fand er, dass er sich noch zu Lebzeiten von all seinen Weggefährten verabschieden sollte. »Was nützt es mir, wenn sie an mein Grab kommen. Da habe ich ja dann nichts mehr davon.« Und so hatte er eine Einladung zum Abschied verschickt: »Liebe Freunde, Weggefährten, Angehörige, da ich weiß, dass ich bald sterben werde, möchte ich euch alle noch einmal einladen. Über zahlreiches Erscheinen würde ich mich sehr freuen.«

Es waren fast alle da. Der Raum war gut gefüllt und ich dachte, wie viele Menschen doch in einem Menschenleben vorkommen. Wie viele Menschen eine Bedeutung in einem Leben hatten und wichtig waren. Wie viele Begegnungen man in einem Leben hat. Selbst von weit her war sein alter Klassenlehrer gekommen, zwei ehemalige Mitschüler, Freunde aus seiner WG-Zeit, Lebensfreunde, Nachbarn, die uns ans Herz gewachsen waren und die öfters gewechselt hatten, weil mein Mann an verschiedenen Orten gearbeitet hatte. Er war Ingenieur. Auch Kollegen aus Frankreich, mit denen er sich angefreundet hatte, und einer kam sogar aus Brasilien angereist. Natürlich auch Verwandte und Menschen, die ihn seit seiner Krankheit begleitet hatten. Gerührt dachte ich, wie viele Menschen ihn mochten. Viele hatten ein Foto mitgebracht, das ihn mit den jeweiligen Freunden zeigt. Am Meer, im Gebirge, beim Fahrradfahren, in Amerika, in Südfrankreich, am Wohnwagen, an der Uni, in Gärten und Parks dieser Welt. Wir hatten viele Länder bereist, teils aus beruflichen Gründen, teils privat.

Mein Mann wollte sich von allen persönlich verabschieden. Er hatte eine Rede vorbereitet, in der er allen dankte, die ein Stück Lebensweg mit ihm gegangen waren. Der Raum war mit Stühlen, Tischen und Bänken ausgestattet. Es gab Getränke und Fingerfood. Wir hatten ein Mikrofon, einen Diaprojektor und eine Leinwand aufstellen lassen. Nachdem er alle persönlich begrüßt und umarmt hatte, klopfte er an sein Glas, erhob sich und begann mit brüchiger Stimme:

»Ihr Lieben alle! Ihr seid hier, weil ich euch ein letztes Mal sehen wollte. Ich muss mich verabschieden, was ich mit großer Trauer und mit großer Dankbarkeit tue. Ich bin unheilbar an Krebs erkrankt und werde wohl nur noch wenige Wochen leben. Deshalb ergreife ich diese letzte Chance, um euch allen zu danken. Denen, die mich als Familie begleitet haben, in der ich mich wohl aufgehoben und fest eingebettet gefühlt habe, denen, die ich bereits aus der Schulzeit kenne, denen ich schöne, lustige und auch freundschaftliche Erinnerungen verdanke, denen, die mein Studium begleitet haben. Eine heiße Zeit, denn wir waren studentenbewegt, haben keine Demo ausgelassen und das Establishment bekämpft, in dessen Schoß wir doch irgendwann zurückgekehrt sind. Die Revolution hat jedenfalls nicht stattgefunden. Gerne denke ich an unsere locker-freche Zeit in unserer Wohngemeinschaft zurück. Wie waren wir in allem engagiert, was wir anders als unsere spießigen Eltern machen wollten. Später wurden wir selbst Eltern, anders als die eigenen, aber nicht minder besorgt um die Entwicklung unserer Kinder. Viele von uns lasen Marx, Engels, Lenin und Mao Tse-tung. Schließlich haben wir doch fast alle Karriere gemacht.

Nachdem viele Freundinnen gekommen und gegangen waren, traf ich die, mit der ich bis heute verheiratet bin. Auf einer Vietnam-Demo – wo sonst.« Er drehte sich zu mir um und sah mich liebevoll an. Ich war sehr bewegt.

Mein Mann hatte Dias zusammengestellt und es gab eins, das uns vor einem Che-Guevara-Poster zeigt. Ich mit knallroten, langen Locken – heute sind sie grau. Es folgten Dias aus unserer Hippie-Zeit und Dias, auf denen wir als Bhagwan-Jünger in Knallorange beim Meditieren abgebildet sind. Hier lachten noch alle.

»Ich habe in meinem Leben nichts ausgelassen. Wir haben zwei zauberhafte prachtvolle Kinder bekommen und ich bin Großvater.« Nun kam ein Foto, das Peter mit dem kleinen Pit auf dem Arm zeigt, als er gerade geboren wurde. Meiner Tochter und mir schossen die Tränen in die Augen. Auch der eine oder andere Gast hatte ein Tempotuch im Anschlag. »Dass meine Ehe mit Inga in dieser bewegten Zeit tatsächlich bis an mein Lebensende dauern würde, ist nicht selbstverständlich. Und in unserer WG-Zeit haben wir uns so was Spießiges auch gar nicht vorgenommen.« Nun musste ich bitterlich weinen und Sven, einer von Peters besten Freunden, nahm mich in den Arm. »Weißt du noch, wie eifersüchtig du auf Ulrike warst?«, lachte er. »Von der wollte Peter gar nichts.«

Mein Mann schaute seinen alten Lehrer an: »Ihnen, Herr Löscher, verdanke ich meine Motivation, das Abitur mit einer guten Durchschnittsnote hinzulegen. Sie waren immer fair, immer verständnisvoll und immer positiv. Dennoch waren Sie eine Respektsperson. Im positiven Sinne.« Herr Löscher war nun auch gerührt. Er zückte sein Stofftaschentuch. Mein Mann ging jeden seiner Wegbegleiter durch, nannte alle Namen und was er mit ihnen verband. Wie er sie kennengelernt hatte und was sie gemeinsam erlebt hatten. »Mit euch allen teile ich gute Erinnerungen. Und ich möchte euch das hinterlassen. Jeder von euch war wichtig in meinem Leben.

Jeder hat mein Leben beeinflusst und geteilt. Dass jetzt Zeit ist zu gehen, erfüllt mich mit Wehmut. Doch ich hatte ein gutes Leben. Ich musste keine Kriege durchstehen, habe rasante positive gesellschaftliche Entwicklungen erleben dürfen und auch ein Stück daran mitgewirkt. Ich habe viel von der Welt gesehen, und wenn ich sagen müsste, was ich noch gerne tun würde, so wäre das, mein Enkelkind aufwachsen zu sehen und Inga noch ein Stück des Weges zu begleiten. Nun werde ich sie nicht mehr alt, grau und gebrechlich erleben, was ich sehr bedauere. Ich habe alles gehabt, was ein Mensch sich nur wünschen kann. Habe kein Unglück und keine Katastrophen erleben müssen. Dass ein Leben Höhen, Tiefen und Herausforderungen mit sich bringt, ist selbstverständlich. Ohne Leid keine Freude, ohne Bangen keine Hoffnung, ohne Dunkel kein Licht. Aber diese Pole, dieses Spannungsfeld machen ein Leben doch erst interessant. Ich bin dankbar für das, was ich erleben durfte, dass ich euch alle kennen durfte und ich wäre zwar gern noch ein wenig geblieben, aber wenn es am schönsten ist, soll man gehen.« An der Stelle wurde seine Stimme wieder brüchig und er winkte allen ein wenig hilflos zu.

Er dankte noch seinen Ärzten, die ihn immer ehrlich begleitet hatten, die ihn größtmöglich schmerzfrei gehalten und ihm durch den optimalen Einsatz von Medikamenten gegen Schmerzen und Ängste noch ein wenig Lebensqualität in der letzten Lebensphase verschafft hatten.

Peter wirkte erschöpft nach dieser Rede. Alle schauten ernst und einige betreten. Nach Peter trat erst die eine, dann unsere andere Tochter ans Mikrofon, und sie hielten eine herzzerreißende Rede an ihren Papi. »Papi, wir werden dich nie vergessen und immer lieben. Du bist der beste Papi der Welt«, beteuerten beide. Danach mussten sie heftig weinen und Peter nahm eine in den linken und eine in den rechten Arm und drückte sie an sich. Auch ihm liefen Tränen über die Wangen.

Seine Freunde und Schulkameraden hielten launige und sogar lustige und schwarzhumorige Reden und versprachen: »Im Himmel sehen wir uns wieder, du Schlitzohr. Mach's gut und sorg dafür, dass da oben alles in Ordnung ist, wenn wir nachkommen.« So zog in Stunden ein ganzes angefülltes Leben an uns vorbei.

Wir haben danach noch lange geweint und gelacht. Die Stimmung war aufgeladen und heftig bewegt. Alle fanden es wunderbar, dass Peter sich zu Lebzeiten verabschiedet hatte. Dass sie noch letzte Worte mit ihm austauschen und Erinnerungen aufleben lassen konnten. Es war ein sehr ergreifender Abschied, und jedem war bewusst, dass er Peter nie wieder sehen würde. Gegen Mitternacht war Peter so erschöpft, dass wir uns verabschieden mussten. Mein Mann legte den Arm um mich und fragte: »Wie war ich, Baby?« Ich lachte und antwortete: »Sehr stark, mein Großer!« Wir sind abends in unser Bett gefallen und Hand in Hand eingeschlafen.

Peter hat noch sechs Wochen gelebt. Die letzten zwei Wochen im Hospiz. Er sprach oft über seinen Abschied und dass es ihm viel gegeben habe, alle noch einmal zu sehen. Bestattet haben wir ihn im engsten Familienkreis. Das wollte er so.

▶ Abschied zu Lebzeiten

Die wenigsten haben den Mut, all ihren Lebensbegleitern Adieu zu sagen. Das gelebte Leben zusammen mit seinen Weggefährten noch einmal auferstehen zu lassen. Oder mit Freunden ein letztes Mal Skat zu spielen, zum Fußballplatz zu gehen. Vertrauten Personen etwas zu sagen, was unbedingt noch gesagt werden muss, man sich aber nie getraut hat. Oder aber mit den Kindern bewusst ein letztes Mal Eis essen zu gehen. Das ist deshalb schwer, weil man sich eingestehen muss, dass die Tage gezählt sind. Das kann man nur, wenn man die Tatsache, dass man sterben wird, angenommen hat. Wenn man seinen Frieden damit gemacht hat. Die Berliner Heilpraktikerin und Astrologin Roswitha Broszath, die viele Sterbende bis zum Tod begleitet hat, sagt: »Wenn ich Bilanz ziehe und feststellen kann, dass ich meiner Bestimmung, meiner Lebensaufgabe gerecht geworden bin, wenn ich alles, was ich tun wollte, getan habe, nichts vor mir hergeschoben habe und nichts Unerledigtes mit ins Grab nehmen muss, kann ich leichter gehen.« (Regine Schneider: *Ich möchte sterben, wie ich gelebt habe*, S. 184) Wer so mit sich im Reinen ist, ein erfülltes Leben hatte, kann das Leben loslassen. Dann ist es wahrscheinlich sogar ein sehr schöner Moment, sich von allen verabschieden zu können. Zu Lebzeiten schon einen feierlichen Schlussstrich zu ziehen.

Mausoleums-Chillout

Feiern mit den Toten

Eva hat bereits einen Schwips und quietscht vor Vergnügen über einen makabren Witz, den Helmut, der weiß, dass er bald sterben wird, zum Besten gegeben hat. Gisela und Lotte kauen mit vollen Backen. »Lecker! Los, probiert mal.« Damit meinen sie den Nudelsalat. Eigentlich unterscheidet sich nichts von unseren früheren Gartenfesten oder Laubentreffen. Wir sind seit Jahrzehnten eine Clique, die allerdings in die Jahre gekommen ist. Drei von uns haben uns bereits verlassen, Jens, Karl-Heinz und Günni. Dennoch pflegen wir innigen Kontakt mit den Toten. Und das regelmäßig. Da nur wir übrigen Lebenden uns noch von A nach B bewegen können, ist unser Treff ein Mausoleum auf dem Friedhof, das wir vor fünf Jahren gepachtet haben. Für 25 Jahre, wenn wir alle höchstwahrscheinlich zur letzten Ruhe hier gelandet sind.

Vielen kam es befremdlich vor, dass wir uns den kleinen Innenraum wohnlich eingerichtet haben mit allem, was man für regelmäßiges, geselliges Beisammensein im Mausoleum braucht. Sitzgelegenheiten, Tisch, Regal. Zwei Urnen, in denen wir Kleinkram, wie Plastikmesser und -gabeln aufbewahren. Wir dachten damals, als dieses Mausoleum zur Debatte stand, warum sollen wir die Verstorbenen ausschließen. Sie geben uns zwar keine Antworten mehr, beteiligen sich weder an Debatten noch an Doppelkopf, schauen keine Fotoalben mehr mit an und erinnern sich nicht an früher. Aber wir können ja mit ihnen reden. So halten wir die Erinnerungen wach in dem Wissen, dass auch wir selbst einst hier liegen und nicht vergessen werden.

Eva hat Wein mitgebracht. Lotte hat Kuchen gebacken. Gisela hat Schmalzbrote geschmiert. Und der Nudelsalat ist meine Spezialität. Übrig bleiben immer wir Frauen, wir werden Witwen, während unsere Männer vor uns das Zeitliche segnen. Frauen werden eben älter, so ist das. Wir sind alle warm angezogen, denn der elektrische Heizkörper hat es nicht einfach bei unserem Treffpunkt. Die Novemberkälte lässt sich nur schwer vertreiben. Es ist Totensonntag und wir sitzen zu fünft um einen runden Tisch. Ich denke an Karl-Heinz, der hier vor einem Jahr bestattet wurde und nebenan in seiner Golf-Urne liegt. Sie heißt so, weil er leidenschaftlicher Golfer war und sich eine mit Golfbällen und einem Schläger bemalte Urne gewünscht hat. Das gibt es ja heute alles. Günni hat eine Tischtennis-Urne. Auch sehr hübsch. So habe ich hier immer Karl-Heinz' Bild vor mir, spüre immer noch seine Gegenwart. Er hat dieses Gebäude zu Lebzeiten mitfinanziert und umgestaltet, damals schon wissend, dass er in einiger Zeit zu den Toten gehören würde. Er hatte damals schon Magenkrebs. Und wenn ich hier bin, ist es, als rauche er draußen

221

noch eben eine Zigarette und komme gleich wieder herein. Urnen als Aufbewahrungsort für Besteck und Pappgeschirr waren seine Idee. Es gibt Sessel, Decken, einen Kamin und ein Spirituosenregal in dem kleinen Innenraum. Sogar ein kleines rotes Zweiersofa. Die Wände sind in Gold und Türkis angestrichen, an den Wänden ringsum gibt es Kerzenhalter. Eine mittelalterliche Anmutung.

Jeder hat jetzt einen Becher Wein vor sich. Es ist ein bisschen wie früher im Vereinsheim vom Schrebergarten. Nur dass hier die Toten und die Lebenden beisammen sind und nicht ausschließlich die Lebenden unter sich. Ich ziehe meine Kaschmir-Pashmina enger um mich. Ein Geschenk von Karl-Heinz. Knallorange, meine Lieblingsfarbe. Die habe ich auch zur Beerdigung vor einem Jahr getragen. Das hätte Karl-Heinz gefallen.

Der Tod gehört zum Leben. Nirgends ist das so hautnah spürbar wie in unserem Mausoleum. Gleich kommen noch mehr Gäste. Vor fünf Jahren stand dieses schöne alte Bestattungshaus mit dem großen Säulenportal leer und keiner wusste so recht, was man damit machen sollte. Die Familie, der es gehörte, war seit 100 Jahren tot. Da unsere Freunde und wir auch so langsam an den Tod dachten, der unseren Freundes- und Bekanntenkreis immer öfter heimsuchte, hatten wir die Idee, das Mausoleum zu pachten, herzurichten und als Verbindung zwischen den Lebenden und den Toten zu gestalten. Wir, die wir noch leben, werden bei jedem Treffen erinnert, dass wir auch irgendwann hier sein werden, auf der anderen Seite, als Verstorbene. Aber wie zu Lebzeiten beisammen.

Das tut unserer Feierlaune keinen Abbruch. Wir treffen uns häufig hier und wissen auch bereits, wer der Nächste sein wird. Helmut ist an Leberkrebs erkrankt. Sein Arzt hat ihm gesagt, dass seine Tage oder Wochen gezählt sind. Trotzdem nimmt er noch an manchen Treffen teil. Seine Frau Hildegard schiebt ihn im Rollstuhl her. Helmut sagt: »Es ist ein schöner Gedanke, dass ich hier bei euch bleiben werde. Nur dann eben in der Urne dort in der Nische.«

Bei unseren Treffen geht es oft recht munter zu. Wir reden keineswegs nur über Sterben und Tod. Meine Nachbarin fragte mich neulich: »Ist das nicht gruselig, sich im Mausoleum bei den Toten zu treffen?« Ich war erstaunt. »Warum sollte es, wir sterben doch auch alle.«

Unser Mausoleum ist bewusst sehr wohnlich eingerichtet. Bei schönem Wetter können wir im Freien auch draußen Tische und Stühle aufstellen. Natürlich dürfen wir nicht die Totenruhe stören, aber unser Mausoleum, in das übrigens sechs Särge, wahlweise acht Urnen passen, liegt etwas abseits am Waldrand. Wir erzählen von Erinnerungen, reden aber auch über ganz andere Dinge. Über Kinder, Enkel, Reisen, Politik, was so gerade anfällt. Wir wissen alle, dass unsere Tage gezählt sind. Und hier können wir unseren Frieden damit schließen, dass wir auch eines Tages zu denen gehören, die dann im Sarg liegen.

Das Nutzungsrecht für dieses Mausoleum haben wir für 25 Jahre. Wir haben es liebevoll restauriert und nennen unsere Gemeinschaft »Mausoleums-Amigos«.

Inzwischen kommen zu den Treffen auch Freunde ohne Grabstelle. Anfangs waren die Leute ein bisschen zurückhaltend und schüchtern, aber das löste sich mit der Zeit. Heute, am Totensonntag wollen wir der Toten gedenken, dafür ist der Tag schließlich da, nur fröhlich soll es sein. Um die 20 Leute werden erwartet. Von Mittag an gibt es für alle Glühwein und Schmalzbrote, so steht es auf der Einladung. Die Friedhofsverwaltung lässt extra das Tor länger auf. So muss niemand um 18 Uhr nach Hause gehen. Weil wir den Tod nicht verdrängen, fürchten wir ihn auch nicht.

▶ Bestattung im Mausoleum

Während der Gründerzeit ließen auf vielen Friedhöfen zu Geld gekommene Unternehmer, Kaufleute und Akademiker repräsentative Begräbnis- und Erinnerungsbauten errichten.

Die Gruftbestattungen fanden in Europa ausschließlich in Kirchen statt und nur hochstehende Persönlichkeiten kamen in diesen Genuss. Zunächst ausschließlich der Klerus, später auch der Adel. Doch genauso wie bei den Mausoleen wollte auch bei der Gruftbestattung das aufstrebende Bürgertum auf Dauer nicht hinter den Fürsten und dem Klerus zurückstehen. Wer das nötige Kleingeld hatte, ließ oft monumentale Gebäude auf den Friedhöfen errichten. Damit sollte auch nach ihrem Tod ihre soziale Stellung demonstriert werden.

Einige Jahrzehnte lang gehörten Mausoleen der Vergangenheit an, um jetzt wieder gefragt zu sein. In den letzten beiden Jahrzehnten des 20. Jahrhunderts stieg die Nachfrage nach prächtigen Grabbauten wieder an und natürlich wirft das auch ein Licht auf die neuen Prioritäten unserer Gesellschaft. Bis 2004 wurden alle ungenutzten historischen Mausoleen an Grabmalpaten neu vergeben und seitdem sind auch etliche neue Mausoleen erbaut worden. Mausoleen liegen wieder im Trend und sind eine Alternative für diejenigen, die nicht in der Erde vermodern wollen. Namen auf Grabplatten erinnern an die Toten. Und man kann sich die Innenräume einrichten, wie man möchte. Focus online titelte: »Friedhofsprunk der Snobiety«. (http://www.focus.de/kultur/leben/trend-1-mausoleum-luxus-nach-dem-tod_aid_143282.html)

Es sind allerdings nicht nur Prominente oder Superreiche, wie der verstorbene Designer Rudolph Moshammer und seine Mutter Else beispielsweise, die sich auf einem Münchener Friedhof ein überaus nobles Begräbnis im Mausoleum geleistet haben. Es gibt außer München etliche Städte, auf deren Friedhöfen man so ein Luxusgrab erwerben kann. Auf dem größten Parkfriedhof der Welt, dem Friedhof Ohlsdorf in Hamburg beispielsweise, ist das möglich. Er ist größer als der Central Park in New York und ähnlich berühmt wie der Pariser Promi-Friedhof Père Lachaise.

Hier liegen Stars wie Hans Albers, Gustaf Gründgens und Inge Meysel. Man hat viel Auswahl, hier die letzte Ruhe zu finden: im Rosenhain, im Schmetterlingsgarten, in Friedwäldern (für Urnenbestattungen im Wald), Kolumbarien (für oberirdische Urnenbeisetzungen), Wiesen (für anonyme Beisetzungen) oder eben im Mausoleum.

Besonders beeindruckend ist hier das Mausoleum aus rotem Sandstein mit 24 sogenannten Gruftzellen, das der Hamburger Rathausbaumeister Martin Haller für den Gründer der Deutsch-Amerikanischen Petroleum Gesellschaft, später Esso, Wilhelm Riedemann erbaut hat.

Die Alternative zum Mausoleum ist die Gruft. In beiden Fällen wird der Sarg nicht der Erde übergeben, sondern mit Stein ummauert aufbewahrt – bei der Gruft unterirdisch, beim Mausoleum oberirdisch. Beide Beisetzungsarten haben eine lange Tradition. Wie Mausoleen sind auch Grüfte wieder im Kommen. Meist sind diese Tempel für Familien oder mehrere Personen ausgelegt, allein schon aus Kostengründen.

Deutschland ist kein Land für Witwen

Trauern in anderen Kulturen

»Deutschland ist kein Land für Witwen«, sagte meine beste Freundin, als mein Mann gestorben war. Sie war ein Jahr vor mir Witwe geworden. »Euer Bekanntenkreis wird sich zurückziehen und irgendwann verschwunden sein. Geh zurück nach Beirut.« Im Libanon hatten Wolfgang und ich viele Jahre gelebt. Ich bin Palästinenserin, geboren in Haifa, von wo aus wir nach Beirut flüchteten, als ich zwei Jahre alt war. In Beirut begegnete ich Wolfgang, der dort als Auslandskorrespondent eingesetzt war. Ich arbeitete in einem Filmstudio und Wolfgang war auf der Suche nach Filmmaterial. Man schickte mich mit ihm zuerst einmal Hemden kaufen, weil er »unmöglich« aussehe. So lernten wir uns kennen.

Ich stamme aus einer modernen arabischen Familie. Meine Mutter sagte immer: »Meine Tochter muss keine arrangierte Ehe eingehen. Ich habe selbst aus Liebe geheiratet und mein Kind soll den Mann, den es heiraten möchte, schön finden und begehren.« Sie schützte mich vor allen Versuchen, mich zwangsweise zu verheiraten. Mein Vater nahm es hin, dass meine Wahl ausgerechnet auf einen Deutschen fiel. Er sagte: »Hätten wir einen Ausländer in der Familie gewollt, hätten wir eine andere Nationalität gewählt.« Aber Wolfgang war ein guter Typ und machte es meinem Vater leicht, sich mit ihm anzufreunden.

Er hat sich gut und gerne in meine Großfamilie integriert und die beiden mochten sich irgendwann richtig gerne. Er wurde der beste Freund meines Vaters und mein Vater hörte auf, »dieser Deutsche« zu sagen, über dessen Angewohnheiten er sich anfangs beschwerte. So rief Wolfgang beispielsweise jeden Morgen in aller Frühe an, um mir vor der Arbeit einen guten Tag zu wünschen. Das war aber nur von einem bestimmten Telefon aus möglich. Mein Vater meinte jeden Morgen verärgert: »Dieser Deutsche lässt uns nicht ausschlafen!«

Wolfgang war weltoffen. Er las den Koran, liebte den arabischen Poeten Khalil Gibran und lernte Arabisch. In meiner Familie wird ein Mischmasch aus Arabisch und Englisch gesprochen. Wir sind katholisch-orthodox, allerdings nicht sehr religiös. Durch meinen Mann lernte ich, dass vieles, was dem Islam, der verbreitetsten Religion im Libanon, zugeschrieben wird, in Wirklichkeit der durch die Männer geprägten Kultur in den arabischen Ländern entspricht. Der Koran ist zu Unrecht in Verruf geraten und es schmerzt mich, wenn der Islam so missbraucht und falsch dargestellt wird. Papst Franziskus hat kürzlich gesagt: »Gott ist nicht katholisch.« Er ist auch kein Moslem. Gott ist Gott, und alle Religionen predigen den Frieden. Interessant ist übrigens, dass hier in Deutschland die Moslems als fanatisch verschrien sind. Ich habe in meiner arabischen Heimat viele fanatische und grausame Christen kennengelernt. Bei denen habe ich genauso viel Hass erlebt wie bei radikalen Islamisten hier.

Wolfgang und ich heirateten 1975. Wir führten eine nicht immer einfache, aber sehr glückliche Ehe. Als Korrespondent wurde mein Mann nicht nur nach Beirut, sondern auch nach Kairo geschickt, wir lebten in London und dann wieder im Libanon. Wir führten ein kosmopolitisches Leben, waren beide politisch engagiert und interessiert, und was ich bis heute vermisse, obwohl mein Mann seit 2008 tot ist, sind unsere politischen Diskussionen. Unsere stundenlangen, wunderschönen und klugen Gespräche. Unsere politischen Analysen. Wolfgang war ein so geistreicher und auch humorvoller Mann. Wir sind beide Nachtmenschen gewesen und von abends an saßen wir bis tief nach Mitternacht zusammen und haben geredet, geredet, geredet. Mein Mann war auch mein bester Freund.

Ich bin wie alle Araber hochemotional, was sich darin zeigt, dass ich wie verrückt herumschreie und temperamentvoll gestikuliere, wenn die Gefühle mit mir durchgehen. Wenn es mir dann leid tat, hat Wolfgang immer gesagt: »Ich will keine ausgeglichene Frau, ich will die Löwin.«

In mir ist der Schmerz, weil ich nicht zurück in meine zerstörte Heimat will, und dann wieder kommt die brennende Nationalistin in mir hoch, die in ihr Heimatland gehen und dort mit ihren Freunden zusammen gegen die Ungerechtigkeit kämpfen will. Ich denke nicht mit dem Kopf, ich denke mit dem Bauch. Das ist auch der Hauptunterschied zu meinen deutschen Freunden. Sie sind so rational und schalten den Verstand ein. In mir kochen die Gefühle hoch.

Unser Leben war abwechslungsreich und schön. Wolfgang ließ sich mit 60 pensionieren und nichts deutete auf einen frühen Tod hin. Es fing damit an, dass mein Mann plötzlich keinen Alkohol mehr trinken wollte. Er hatte abends so gern einen guten Wein getrunken.

»Lass doch mal wieder einen Check-up machen!«, schlug ich vor. Niemand hatte damit gerechnet, dass er schwer krank war. Sein Blutbild war verheerend. Im CT wurde festgestellt, dass er einen Darmtumor hatte, der schon in Leber, Nieren und Lunge seine Metastasen gestreut hatte. Wolfgang willigte noch in eine Chemotherapie ein. Ich war entsetzt und wollte nicht so schnell aufgeben, bekniete den Arzt, er solle noch alles Mögliche versuchen. Der aber sagte: »Sie kämpfen für Ihren Mann. Aber Ihr Mann kämpft nicht.« Ich beschwor meinen Mann: »Wolfgang, gib dich nicht auf!« Aber er war viel zu intelligent, um nicht zu wissen, dass der Kampf aussichtslos war. Der Krebs hatte ja schon im ganzen Körper gestreut.

Ich dagegen bin ein wenig abergläubisch wie alle Araber und wertete alle möglichen Zeichen positiv. Wolfgang liebte Orchideen. Eine stand auf unserer Fensterbank. Sie bekam plötzlich eine Blüte nach der anderen und ich deutete das als gutes Omen für das Leben. Die Hoffnung stirbt zuletzt. Es half nichts. Zwei Monate nach der Diagnose starb er. An unserem 33. Hochzeitstag. Ich saß an seinem Bett, stützte mit der einen Hand seinen Kopf, damit er etwas trinken konnte. Er hatte gerade noch geröchelt – denn er konnte nicht mehr deutlich sprechen: »Taxi, home!«, und ich hatte gesagt: »Schatz, ich kann dich nicht tragen. Wir fahren nach Hause, wenn deine Beine wieder stark sind.« Ich führte mit der anderen Hand eine Schnabeltasse zu seinem Mund. Plötzlich war sein Kopf so schwer, er schaute direkt in mein Gesicht, als suche er etwas in meinen Augen, dann hatte er nur noch ein Auge geöffnet und sein Mund war schief. In dem Moment kam eine Schwester ins Zimmer und ich blickte sie fragend an. Sie legte mir ihre Hand auf die Schulter und sagte sehr sanft zu mir: »Ihr Mann ist gerade gestorben. Er hat Sie noch einmal intensiv angeschaut, damit er Ihr Bild mitnehmen konnte.«

Von dem Moment an war ich wie gelähmt. Ich konnte nur noch meine engsten Freunde benachrichtigen: »Wolfgang ist gegangen.« Ab da setzt meine Erinnerung aus. Ich habe Monate nur geschrien und geweint. Ich bin in den Wald gegangen und habe meinen Schmerz herausgeschrien. Meine Freunde haben mich monatelang nicht allein gelassen, immer war jemand bei mir. Meine Wohnung war nie leer. Meine deutschen Freunde hatten Angst um mich, sie waren immer da und haben meine Trauer, meine Tränen, meinen Schmerz ausgehalten und mitgetragen. Bis heute vermissen auch sie ihn. Wolfgang hätte noch so viel zu sagen gehabt. Alle vermissen seine Syrienanalyse. Er war eine wandelnde Enzyklopädie. Ein herausragender Arabien-Kenner.

Als Wolfgang beerdigt war, flog ich nach New York, wo der größte Teil meiner Familie lebt. Dort wurde ich wiederum aufgefangen. Ich habe geheult, geheult, geheult. Alle hatten Verständnis. Fünf Jahre lang trug ich Schwarz. Meine Freundinnen meinten, es müsse irgendwann gut sein. Sie schimpften mich aus. Ich erwiderte: »Ich kann erst wieder Farbe tragen, wenn es innerlich wieder farbig wird. Es muss sich richtig anfühlen.« Als ich zurück in Deutschland war, ging ich täglich zu Wolfgangs Grab. Ich hatte das Gefühl, ihn dort zu treffen. Man denkt immer, man begegnet ihm. Bis heute sage ich: »Good morning, Schatz.« Er nannte mich »Habibi«, Liebling. Später ging ich nicht mehr jeden Tag hin. Ich spüre ihn auch in unserer Wohnung. Ich rede mit ihm. Ich wünsche ihm morgens: »Have a good day.« Ich habe mir meine Trauer lange erlaubt. Die erste kleine Erleichterung kam nach knapp fünf Jahren. Da dachte ich: »Heute ziehst du mal eine weiße Bluse zur schwarzen Hose an.«

Der Schmerz kam in Wellen. Inzwischen habe ich manchmal drei gute Tage und dann bricht am vierten wieder alles zusammen. Dass unser Freundeskreis aus Deutschland mit ihm verschwinden wird, wie meine Freundin prophezeite, kann ich nicht bestätigen. Ich habe Glück mit meinen Freunden. Und ich habe entdeckt, wie gut auch Männerfreundschaften tun können. Ich habe richtig gute Freunde ohne jeglichen Hintergedanken.

Inzwischen habe ich auch meine Freundinnen und Cousinen im Libanon besucht. Als die hörten, dass mein Mann gestorben war, haben sie sich so rührend um mich gekümmert. Dort erfuhr ich eine außergewöhnliche Wärme, wie sie wohl nur die emotionalen Orientalen zu geben fähig sind. Ich habe lange überlegt, wo ich hingehöre. Meine Cousinen sagten, komm zurück zu uns nach Beirut, hier ist deine Heimat. Andere sagten, zieh zu uns nach London. Meine Familie meinte, ich solle nach New York kommen. Ich weiß nicht, wo ich hingehöre, wo meine Wurzeln sind. Im Moment fühle ich mich deutsch. Aber eigentlich fühle ich mich als Weltbürgerin. Freunde habe ich überall. Das Einzige, was mir wirklich fehlt, ist mein Mann.

▶ Tod in anderen Kulturen

Ganz anders als in unseren westlichen Ländern gehen außereuropäische Völker mit dem Tod um. All das, was wir an unserem eigenen Körper während der Trauerphase erleben, aber in unserer Gesellschaft kaum ausdrücken dürfen, ist dort gestattet oder wird sogar erwartet: zu klagen und zu weinen, nicht zu arbeiten, nicht zu schlafen, nicht zu essen, sich von anderen Menschen zurückzuziehen, sein Äußeres zu vernachlässigen. Rituale helfen den Betroffenen, ihre Trauer auf sozial anerkannte Weise zum Ausdruck zu bringen, so dass sich keine schwere Depression oder andere krankhafte Prozesse entwickeln können.

Im Islam kommen im Todesfall Verwandte und Bekannte unaufgefordert zusammen, um zu helfen, und bleiben eine Weile zusammen. Frauen dürfen laut klagen und weinen. Männer halten sich damit meist zurück, weil sie die Toten mit ihrer Trauer nicht belasten wollen. Aber sie bringen die Trauer mit ernstem Gesicht und gebeugtem Haupt, also mit Körpersprache zum Ausdruck.

Die Trauerfarbe bei den Hindus ist weiß. Musik gibt es in Begleitung von Gebeten. Beim Zeigen von Gefühlen gibt es keine Einschränkungen. Alles ist erlaubt. Eine Witwe besucht ein Jahr lang keine andere Feierlichkeit. Bei Hindus und Moslems gibt es nach sieben Tagen, nach 40 Tagen und danach jährlich eine Totenfeier. In beiden Religionen dürfen Frauen nicht auf den Friedhof. Das ist Männersache. Die Toten werden nicht eingesargt, sondern in Tücher gewickelt.

In China, wo über Gefühle wenig gesprochen wird, wird Trauer laut wehklagend zum Ausdruck gebracht. Ein Familienmitglied, so vorhanden der älteste Sohn, geht von Haus zu Haus und überbringt die Todesnachricht. Es wird von den Nachbarn auch Wehklagen erwartet. Eine Witwe muss eine Woche Totenwache halten und darf in der Zeit kein Rot tragen. Es folgen hundert Tage Trauerzeit, in der die Söhne nicht heiraten und die Nachkommen 49 Tage lang ihre Haare nicht schneiden dürfen.

Verglichen mit anderen Kulturen, wo die Gesellschaft die Trauernden begleitet und stützt, ist Trauer bei uns eine ziemlich individuelle Angelegenheit. Es gibt professionelle Trauerbegleiter und Trauerexperten, aber das direkte Umfeld will in der Regel nach der Bestattung nichts mehr mit Tod zu tun haben.

Inzwischen leben in unserem Land viele Menschen aus anderen Kulturen. Wenn wir Gelegenheit haben, an einer ihrer Trauerfeierlichkeiten teilzunehmen, sind wir oft erstaunt, dass diese Menschen weit selbstverständlicher und offener als wir mit dem Tod umgehen.

Trauer ist keine Krankheit, aber wer sich nicht zugesteht, seine Trauer angemessen auszuleben, kann krank werden. Es gibt Beispiele, dass Mütter an gebrochenen Herzen gestor-

ben sind, beispielsweise die Schauspielerin Romy Schneider nach dem Tod ihres Sohnes oder die Fernsehmoderato-
rin Petra Schürmann nach dem ihrer Tochter.

Empfehlenswerte Bücher

Engelhardt, Ulla: *Jung verwitwet*. Weiterleben, wenn der Partner früh stirbt. Frankfurt a.M.: Krüger 2012.

Jaffé, Aniela; Frey-Rohn, Liliane; Franz, Marie-Louise von: *Im Umkreis des Todes*. Zürich: Daimon Verlag 1980.

Kast, Verena: *Zeit der Trauer*. Phasen und Chancen des psychischen Prozesses. Stuttgart: Kreuz Verlag 2006.

Kübler-Ross, Elisabeth: *Interviews mit Sterbenden*. Mit einem einleitenden Essay von Christoph Student. 5. Aufl. Freiburg i. Br.: Kreuz Verlag 2013.

Schlegel-Holzmann, Uta: *Kein Abend mehr zu zweit*. Familienstand Witwe. Gütersloh: Gütersloher Verlagshaus 2004.

Schneider, Regine: *Die Liebe kommt, die Liebe geht*. München: Marion von Schröder 2001.

Schneider, Regine: *Ich möchte sterben, wie ich gelebt habe*. Gespräche über den Tod. Mannheim: Patmos 2010.

Wolf, Doris: *Einen geliebten Menschen verlieren*. Eine Begleitung auf dem schmerzlichen Weg durch die Trauer. 19. Aufl. Mannheim: PAL 2012.

Wolf, Petra: *Das Bleiben schmerzt mehr als das Gehen*. Witwen erzählen. Solingen: Custos Verlag 2013.